Raffaella Maria Pileri

Guida pratica al procedimento di mediazione

Il mediatore e le tecniche di negoziazione tra le parti

pe

Primiceri Editore

2021 Tutti i diritti riservati.
Finito di stampare nel mese di marzo 2021
presso Rotomail Italia Spa – Vignate (MI)
per conto di Primiceri Editore Srls
Via Savonarola 217, 35137 Padova
Prima Edizione
ISBN 978-88-3300-235-4
www.primicerieditore.it

A mia sorella Ida

1
IL MEDIATORE COME COACH DELLA NEGOZIAZIONE TRA LE PARTI

INTRODUZIONE

Ogni Mediatore deve essere un abile Negoziatore, esperto delle tecniche e strategie della negoziazione, agisce come coach e motivatore delle parti verso una negoziazione di successo.

1.1 LA NEGOZIAZIONE INTEGRATIVA *VS* LA NEGOZIAZIONE DISTRIBUTIVA

Il negoziatore di successo si avvale di tecniche e strategie proprie della negoziazione integrativa (del cosiddetto negoziatore ragionevole) che consentono di superare i limiti della negoziazione meramente competitiva e distributiva, grazie all'ampliamento della cosiddetta torta negoziale.

Tali tecniche si basano su alcune regole fondamentali.

1.1.1 Andare oltre la negoziazione distributiva.

A differenza della negoziazione distributiva (ovvero competitiva), la negoziazione integrativa (ovvero collaborativa) non si limita ad individuare l'oggetto della controversia sulla base delle posizioni e pretese reciproche delle parti, né considera l'oggetto del conflitto come un valore predeterminato, da dividere tra le parti.

Nella risoluzione distributiva del conflitto, le parti danno per scontato che c'è una parte che vince e l'altra che perde e che ad ogni vantaggio per l'uno corrisponde un sacrificio per l'altra.

Il negoziatore collaborativo, al contrario, cerca modi creativi di risoluzione della controversia che consentano ad entrambe le parti di conseguire i propri obiettivi al minor costo possibile, allargando la torta negoziale prima di dividerla.

1.1.2 "Espandere la torta"

L'approccio della risoluzione integrativa mira ad essere globale e non limitato al ristretto ambito dell'oggetto immediato ed evidente della controversia.

Il negoziatore ragionevole ha come obbiettivo di far emergere quegli elementi apprezzabili che, pur rivestendo valore fondamentale per le parti, non sono di immediata percezione e che, ove affrontati, possono agevolare la risoluzione del conflitto.

Per il negoziatore ragionevole la torta può essere ampliata, prima di essere divisa.

1.1.3 Focalizzare sugli interessi

Ogni conflitto coinvolge questioni di merito. La risoluzione distributiva delle controversie si concentra unicamente sulle posizioni/pretese che le parti assumono reciprocamente.

Meno evidenti in un conflitto sono, per contro, gli interessi sottostanti le questioni di merito e che giustificano le pretese delle parti.

Il negoziatore collaborativo indirizza l'attenzione delle parti proprio su tali interessi non già sulle sole posizioni e sulle mere questioni di merito.

Focalizzando l'attenzione sugli interessi, cerca di indagare ciò che si nasconde dietro le questioni di merito, andando al di sotto di quella linea immaginaria dove si nascondono i reali bisogni, gli interessi e le ragioni delle reciproche pretese, al fine di accertare cosa muove ciascuna parte e cosa determina le rispettive posizioni conflittuali.

1.1.4 Tipi di interessi

Gli interessi che spingono le parti ad avanzare date pretese o a mantenere date posizioni possono essere di vario tipo.

- *Interessi nel procedimento:* che riguardano il tipo di procedura utilizzata per risolvere la controversia. Ad esempio, parte può avere interesse alla riservatezza del procedimento o che il processo sia giusto per tutte le parti.

- *Interessi sostanziali:* una parte può avere interesse, ad esempio, a ricevere un pagamento rateizzato, e ciononostante potrebbe non essere in grado di esplicitare tale interesse in sede di negoziazione.

- *Interessi nel rapporto:* che riguardano la relazione tra le parti. Una o entrambe le parti possono essere maggiormente interessate a preservare le loro future relazioni (ad esempio, commerciali) piuttosto che all'esito della singola transazione.

- *Interessi al rispetto dei Principi:* quali principi di etica, morali o religiosi che possono influire sul tipo di accordo che una parte è disposta a concludere.

1.1.5 *Individuare e distinguere le questioni di merito, le posizioni e gli interessi*

Le questioni di merito sono elementi identificabili, concreti che devono essere affrontati per concludere con successo una negoziazione. Tendono ad essere tangibili e misurabili.

Le posizioni sono le prospettive e le pretese delle parti riguardo alle singole questioni di merito.

Gli interessi sono i bisogni astratti che devono essere soddisfatti per concludere l'accordo. Tendono ad essere meno tangibili e non sono divisibili o misurabili ma sono molto reali ed importanti per le parti (la reputazione, la fiducia, il riconoscimento e così via).

Che siano o meno identificati gli interessi devono essere soddisfatti affinché la negoziazione possa concludersi con successo.

1.1.6 *I quattro cardini della negoziazione integrativa.*

Essere duri con il problema e morbidi con le persone.

Distinguere gli interessi dalle posizioni e focalizzare sugli interessi.

Sviluppare opzioni che hanno un potenziale di reciproca soddisfazione.

Valutare le potenziali soluzioni.

1.1.7 Essere duri con il problema e morbidi con le persone.

Essere duri con il problema e morbidi con le persone non significa essere gentili, accondiscendenti o accomodanti ma comporta:

- separare il problema dalle persone;
- comprendere il punto di vista dell'altra parte;
- evitare di desumere le intenzioni dell'altro in base ai propri timori;
- riconoscere, identificare ed affrontare espressamente le emozioni;
- chiedere conferma delle proprie interpretazioni, prima di agire sulla base delle stesse.

Generalmente le controversie sono cariche di emotività. Spesso nella negoziazione l'attenzione si concentra sulle persone: le colpe reciproche, i comportamenti precedenti.

Il compito del negoziatore integrativo è proprio quello di riportare il focus della negoziazione sulla sostanza del problema e sulle soluzioni per il futuro, ogniqualvolta la discussione si incentri intorno alle personalità.

Solo una volta che le parti si trovino reciprocamente a proprio agio, avendo recuperato un livello minimo di fiducia, potranno "rischiare" un approccio al problema che vada oltre i ristretti limiti della negoziazione distributiva.

1.1.8 Distinguere gli interessi dalle posizioni

In ogni negoziazione ci sono molteplici questioni di fatto da affrontare, rispetto alle quali ciascuna delle parti ha le proprie posizioni e le proprie richieste.

In primo luogo, vi sono le questioni di fatto: discutibili ma concrete, ciascuna parte ha il proprio punto di vista e le proprie pretese rispetto ad esse.

Vi sono poi gli interessi sottostanti tali posizioni, che costituiscono le ragioni ed il perché ciascuna parte avanza le proprie pretese e assume le proprie posizioni.

La maggior parte delle volte, tuttavia, nella negoziazione l'attenzione si focalizza solo sul merito delle questioni trascurando gli interessi.

Si tratta di distinguere tra la mera conclusione di un accordo e la risoluzione di un conflitto.

Tutti i conflitti hanno interessi sottostanti e non manifesti, al di sotto della "linea immaginaria" che divide il conflitto come appare dalle ragioni sottostanti il conflitto e che restano nascoste pur costituendo le reali ragioni del contrasto.

Proprio per disvelare tali interessi nascosti, il Mediatore deve ascoltare tutte le informazioni, non selezionare solo quelle che ritiene o che a prima vista appaiono rilevanti.

Ma come distinguere le posizioni dagli interessi?

Le posizioni, (le pretese di fatto o giuridiche) sono cose concrete che possono essere divise, gli interessi sono cose astratte e rappresentano le ragioni delle pretese.

Le pretese hanno sempre una ragione o giustificazione. Tutti vogliamo qualcosa sempre per una ragione!

Il Mediatore deve indagare il perché della pretesa: *perché per Lei è importante, mi dica qualcosa di più, mi faccia capire meglio, quali sono i suoi bisogni, le motivazioni.*

Lo scopo non è quello di persuadere, convincere le parti o cambiare le persone o i loro principi ma scoprire le ragioni del conflitto e degli ostacoli che ne impediscono la risoluzione.

Chiedere il perché, inoltre, aiuta l'interlocutore ad aprirsi a raccontare se stesso ad esporre i dati positivi ma anche quelli negativi.

Proprio perché il terzo Mediatore non è coinvolto nel conflitto, può creare l'ambiente favorevole a ristabilire la comunicazione ed a trovare soluzioni "creative".

1.1.9 Sviluppare opzioni che hanno un potenziale di reciproca soddisfazione

Il negoziatore collaborativo ricerca tutte le possibili opzioni di accordo attraverso un processo che richiede inizialmente l'astensione da ogni forma di critica e di valutazione immediata delle potenzialità di successo di tali soluzioni.

L'astensione dal giudizio e dalla critica stimola ciascuna parte a formulare idee che generano idee (cd brainstorming) in un processo naturale che gradualmente consente di selezionare le opzioni più realistiche, suscettibili di uno sviluppo concreto e in grado di soddisfare meglio delle altre gli interessi di entrambe le parti.

Tale processo di brain-storming, in una sorta di tempesta di idee che generano idee, cerca di modificare il quadro di riferimento di ciascuna della parti sulla base delle rispettive posizioni, attraverso modifiche su modifiche delle opzioni proposte, considerando l'accordo come una materia plasmabile, soggetta a continui aggiustamenti sino a che non venga individuata la soluzione di accordo migliore per entrambe le parti.

1.1.10 Valutare le possibili soluzioni

Una volta sviluppate una pluralità di soluzioni di accordo che contengano soluzioni alternative per la soddisfazione degli interessi delle parti, si procederà alla valutazione di come gli interessi delle parti vengono soddisfatti e del grado di compromesso per ciascuna (attraverso la comparazione costi/benefici) sino ad individuare, entro la zona di possibile accordo (ZOA, zone of agreement), la soluzione che più di ogni altra soddisfa gli interessi di entrambi.

2
LA MEDIAZIONE

2.1 Definizione

Nella mediazione un terzo neutrale (abile negoziatore) assiste le parti facilitando la ricerca di un accordo reciprocamente satisfattivo, generalmente dopo che la negoziazione - a mezzo di trattative dirette tra le parti o più generalmente tra i loro consulenti (avvocati) - ha raggiunto uno stallo.

La mediazione è un procedimento di negoziazione "facilitata", che coinvolge personalmente le parti e lascia alle stesse il potere decisionale sull'esito della controversia, senza che il terzo, negoziatore neutrale, imponga alcuna decisione o soluzione del conflitto.

Lo scopo della mediazione è superare l'impasse nella negoziazione, moderando il conflitto e incoraggiando le parti a generare opzioni creative per la soluzione del conflitto.

Il mediatore, preferibilmente scelto dalle parti, le assiste nel corso del procedimento e le aiuta a focalizzare sui loro interessi, cercando di individuare le modalità di soddisfazione dei rispettivi bisogni (spesso abbiamo bisogno di assistenza per accertare i nostri reali interessi e bisogni).

2.2 I Vantaggi della Mediazione

I vantaggi della mediazione rispetto al processo o ad altri metodi di risoluzione alternativa delle controversie sono molteplici.

La mediazione riduce costi e tempi di risoluzione della controversia. Le parti conservano sempre il controllo del procedimento: scelgono il mediatore, scelgono quando e dove mediare e quanto la mediazione durerà.

Riduce lo stress emotivo di una causa perché le parti conservano il controllo sul risultato: non si raggiunge alcuna soluzione conciliativa finché le parti non lo vogliano, con ciò riducendo l'incertezza dell'esito.

La procedura di mediazione offre inoltre la possibilità di ristabilire una migliore comunicazione tra le parti.

Mira a mitigare le tensioni, ricostruendo fiducia e comprensione ed eliminando l'asprezza normalmente propria dei processi aggiudicativi.

Offre l'opportunità di valutare e soddisfare i reali interessi delle parti, non sempre coincidenti con le soluzioni contemplate dal diritto.

I mediatori impiegano numerose strategie per incoraggiare le parti a guardare al di là delle loro pretese e posizioni.

Tutte le aspettative delle parti, ragionevoli o irragionevoli, possono essere trattate e affrontate.

Scoprendo gli interessi sottostanti delle parti possono emergere maggiori possibilità e opzioni da considerare e sviluppare.

In termini di risultato la mediazione può consentire di individuare soluzioni diverse e più ampie rispetto ad ogni altro metodo di risoluzione delle controversie.

Proprio perché le parti controllano il risultato, inoltre, esse conservano un maggiore senso di appartenenza all'accordo conciliativo che, in quanto condiviso, ha un maggiore grado di possibilità di spontanea esecuzione.

La mediazione, infine, a differenza del giudizio può gettare le basi per future trattative tra le parti preservando le relazioni personali.

3
IL PROCEDIMENTO DI MEDIAZIONE

Lo Star Model[1]

*IL MODELLO A 5**

Il procedimento di mediazione può essere idealmente distinto in cinque fasi a ciascuna delle quali corrisponde un **compito** del mediatore, un'**azione** da intraprendere e un **risultato** da perseguire, che consentono di garantire il successo della mediazione.

FASE	COMPITO (cosa fare)	AZIONE (come fare)	RISULTATO
Convocazione	Costruzione del rapporto di fiducia e acquisizione di credibilità agli occhi delle parti come mediatore e in relazione procedimento di mediazione ("trust account")	Educando le parti in ordine al procedimento, assicurandosi che capiscano come la mediazione può servire alla soddisfazione dei loro bisogni ed interessi	Disponibilità (delle parti ad esplorare soluzioni)/Consapevolezza della Volontarietà del procedimento
Introduzione	Informativa delle parti circa modalità e natura del procedimento, (neu-	Rendendo le parti edotte e partecipi della gestione e controllo del proce-	Sicurezza/Fiducia, Ottimismo e Speranza

---

[1] Lo Star Model è il modello di Mediazione del Prof Randolph Lawry sul quale il presente testo è basato e costituisce un modello ideale al quale ispirarsi per gestire la procedura di mediazione.

	tralità, riserva-tezza, efficacia dell'accordo), competenza e ruolo del mediatore	dimento; cambiando l'atteggiamento di ostilità in spirito di collaborazione.	
Comunicazione	Far capire alle parti le reciproche prospettive e far sentire le parti capite	Esplorando e comprendendo gli interessi ed i bisogni sottostanti le pretese reciproche	Espressione e Comprensione
Negoziazione	Assistenza nella "danza della negoziazione"	Mediante un processo creativo di concessioni reciproche ed opzioni risolutive del conflitto	Flessibilità e Innovazione
Chiusura dell'accordo	Finalizzazione dell'accordo	Focalizzando sulla durevolezza della soluzione prescelta	Decisione Informata

Compito: E' l'obbiettivo - quello che si vuole ottenere
Azione: Come raggiungere l'obbiettivo.
Risultato: Il risultato che si vuole raggiungere.
Compiti e azioni dipendono dalle parti e dalla fattispecie concreta.

3.1 LA FASE DELLA CONVOCAZIONE

La convocazione è la fase preliminare alla mediazione. Sebbene tale fase non sia unanimemente ritenuta parte integrante del procedimento, la prassi dei più attenti mediatori, condivisa da parte della dottrina, dimostra come essa rappresenti un momento essenziale per il buon esito della mediazione.

Le probabilità di successo della procedura di risoluzione, come è noto, sono invero strettamente legate alla presenza delle parti personalmente al tavolo della mediazione, tanto che si può ben affermare che la mediazione abbia inizio sin dal momento della convocazione delle parti, le quali non sempre risultano ben disposte ad una soluzione bonaria della controversia e persino nei confronti del mediatore.

La mediazione (e la negoziazione) comincia sin dalla fase della convocazione, tra il mediatore e le parti stesse, instaurando un rapporto di fiducia ed educando le parti al procedimento, spiegandone i vantaggi, le garanzie, le caratteristiche principali.

Soltanto una volta conseguito l'obiettivo fondamentale della partecipazione al procedimento di tutte le parti interessate al conflitto, il mediatore potrà compiere ogni ulteriore passo verso l'esito positivo del procedimento.

Una volta fissata, con l'accordo di tutte parti, la data dell'incontro, il compito del mediatore è quello di accogliere le parti al tavolo della negoziazione garantendo sin dall'inizio ed in ogni gesto la propria imparzialità ed equidistanza dalle parti.

Il mediatore accompagna le parti al tavolo della mediazione eventualmente assegnando loro i posti ovvero lasciandole libere di scegliere il proprio.

Anche il modo di disposizione delle parti intorno al tavolo assume valore significativo.

Quando il mediatore sceglie di assegnare i posti, trasmette alle parti un messaggio di autorevolezza: il mediatore ha la perfetta padronanza della gestione e conduzione del procedimento, assegna alle parti un "ruolo" per non lasciare che possano prendere il sopravvento in assenza di regole predeterminate di comportamento.

Viceversa potrà scegliere di lasciare le parti ed i loro consulenti liberi di scegliere, acquisendo informazioni utili circa la personalità e l'atteggiamento più o meno collaborativo di ciascun partecipante (parti e consulenti) nei confronti del procedimento, del mediatore e del conflitto.

Solitamente il terzo neutrale siede a capotavola, idealmente con le parti vicine a sé ed i consulenti (avvocati) all'altro capo del tavolo.

Tale disposizione, invero, consentirebbe di incoraggiare una maggiore partecipazione delle parti e di disvelare più facilmente gli interessi sottostanti il conflitto, sebbene nella pratica gli avvocati siedono accanto al Mediatore e le parti accanto ai rispettivi avvocati.

Lo scopo della fase di accoglienza è di creare nelle parti il senso di volontarietà e fiducia nel procedimento e nella persona del mediatore.

E' importante che il terzo neutrale, pur autorevole e professionale, faccia sentire le parti a proprio agio, evitando di trasfondere nella camera della mediazione, le solennità e rigidità formali del processo, affinché le parti comprendano e ricevano conferma, sin dall'inizio, del carattere volontario del procedimento, anche ed *a fortiori* quando si tratti di mediazione obbligatoria.

Perché il terzo possa mediare efficacemente è necessario, innanzitutto che sia "accettato" dalle parti.

A tal fine, occorre non solo che sia ma anche che appaia neutrale ed equidistante o meglio equivicino, imparziale, oltre che autorevole - non già autoritario – e competente, poiché capace di comprendere i termini della loro controversia e di gestire il procedimento.

3.1.1 I compiti del Mediatore nella fase della convocazione: l'accoglienza.

Al fine di creare un atteggiamento positivo nei confronti del procedimento e di fiducia nella possibilità di successo, nella fase preliminare di accoglienza il mediatore deve:

- Acquisire credibilità. Deve dimostrare ai partecipanti al tavolo della mediazione la propria credibilità, quella dell'organismo e quella dello stesso procedimento di mediazione.

Prova della credibilità personale del mediatore viene fornita dal modo stesso in cui gestisce la mediazione, dalla propria familiarità ed esperienza del procedimento, dalla capacità di comunicare ed interagire con tutti i partecipanti.

Il mediatore deve piacere alle parti e deve essere in grado di creare un rapporto (un canale di comunicazione) con tutte le parti ed i loro consulenti, affinché tutti i soggetti coinvolti gli riconoscano la fiducia necessaria per farsi guidare nella "danza della negoziazione".

- Conquistare fiducia. Deve stabilire un rapporto di fiducia con le parti sin dall'inizio, mantenendolo nel corso di tutto procedimento ed incrementando ad ogni occasione il proprio "deposito fiduciario" ("trust account") da poter "spendere" nelle situazioni di bisogno: nei momenti di stallo del procedimento, di escalation del conflitto o di perdita di fiducia delle parti nella possibilità di accordo.

- Conferire credibilità al procedimento. Deve conferire credibilità allo strumento della mediazione, "educando" i partecipanti all'utilizzo dello strumento, spiegando sempre quello che accade nel corso del procedimento ed il perché di ciò che viene fatto (**tecnica della trasparenza**). Si assicurerà che le parti capiscano in quale modo la mediazione può soddisfare i loro reali interessi.

- Instaurare un rapporto con le parti. Deve accogliere le parti al tavolo della mediazione creando un flusso di comunicazione imparziale ed equidistante o meglio equivicino con tutti i partecipanti, stabilendo un rapporto di empatia non già simpatia. Poiché l'empatia è la dimostrazione di un genuino interesse nei confronti del problema, dei bisogni, degli interessi e delle richieste delle parti. Al contrario della simpatia che, da un lato, può ingenerare il dubbio di un atteggiamento parziale del mediatore e dall'altro può creare infondate aspettative della parte nei confronti della quale viene dimostrata.

- Infondere ottimismo, ricordando i vantaggi della mediazione in termini: di risparmio di costi e di tempo, di eliminazione dei rischi legati all'esito incerto del giudizio; di benefici e risparmi fiscali, della volontarietà del procedimento e della libertà delle forme, sotto l'egida della riservatezza, per il raggiungimento di una soluzione del conflitto che sia di mutua soddisfazione dei reali interessi di entrambe le parti che, a differenza di un mero accordo transattivo, ha efficacia di titolo esecutivo.

3.2 LA FASE DELL'APERTURA

Le modalità con cui il mediatore apre la sessione di mediazione rivestono valore essenziale. Si tratta della prima impressione che le parti ricevono della competenza e dello stile del mediatore.

Il luogo, l'atmosfera, il discorso di apertura del mediatore, la conduzione del "dibattito" e l'agenda dei lavori, sono tutti elementi che vanno presi in considerazione ai fini del buon esito del procedimento.

Il mediatore terrà ben presente l'ambiente che intende creare, mostrerà un adeguato grado di conoscenza della controversia e di preparazione e programmazione del procedimento.

E' importante che il Mediatore abbia un "progetto di mediazione" da intendersi non come progetto di accordo conciliativo da imporre alle parti, ma come uso consapevole delle tecniche e delle strategie proprie della mediazione, attraverso la preparazione delle domande da formulare e delle questioni da approfondire.

Più spesso di quanto si possa immaginare, la soluzione più ragionevole astrattamente ipotizzabile, specie all'inizio della mediazione, può rivelarsi nel prosieguo, una volta disvelati i reali bisogni dei protagonisti, non rispondente agli interessi affatto peculiari delle parti in conflitto.

Mai procedere per presunzioni: altro non sono che supposizioni non dimostrate, che la realtà dei conflitti è in grado si smentire in ogni momento.

3.2.1 Il discorso di apertura del mediatore

Il discorso di apertura è un momento critico per il successo del procedimento. E' in questo momento che il mediatore comincia a gettare le basi per la risoluzione della controversia.

L'obiettivo primario dell'apertura è di creare una atmosfera di ottimismo (attraverso l'esposizione dei vantaggi della mediazione), sicurezza nel procedimento e fiducia nel mediatore, al fine di far procedere le parti oltre il cosiddetto Primo Incontro informativo e preliminare del sistema opt-out della obbligatorietà mitigata prescelto dal legislatore italiano con il D. Lgs 28/2010.

Nella maggior parte dei casi, le parti si presentano al tavolo della mediazione con atteggiamento agguerrito, pronte a combattere per vincere, sono spesso tese, nervose e per lo più arrabbiate.

La fase di apertura è il momento per il mediatore di far defluire la tensione, di trasfondere nelle parti un senso di calma e spirito di collaborazione, di spiegare alle parti ciò che è sconosciuto, e di cominciare a farle muovere da un atteggiamento di conflittualità verso uno collaborativo che consenta l'esplorazione congiunta delle possibili opzioni e soluzioni del loro conflitto.

L'obiettivo è di creare nelle parti un senso di sicurezza e di speranza. E' importante stabilire un tono appropriato del dibattito e di aprire il flusso della comunicazione non solo tra le parti ma tra le parti stesse ed il mediatore.

Per mettere le parti a proprio agio nel procedimento ed infondere fiducia nel Mediatore incaricato di facilitare la risoluzione del conflitto, l'apertura dovrà porre l'accento sui due capisaldi della mediazione: 1) la neutralità del mediatore, 2) la riservatezza e segretezza delle informazioni rese nelle sessioni separate (cosiddetta riservatezza interna) ed esterna circa la inutilizzabilità nell'eventuale giudizio delle dichiarazioni e delle informazioni rese nel corso del procedimento (cosiddetta riservatezza esterna).

Inoltre, sarà utile ricordare sempre alle parti che si tratta di un processo volontario, anche quando si tratta di mediazione obbligatoria, in cui ciascuno è libero di rifiutare di concludere un accordo conciliativo, che il procedimento non comporta la perdita di diritti e soprattutto che ciascuna parte rimane nel pieno controllo del conflitto ed ha il diritto di autodeterminarsi, anche abbandonando il tavolo della mediazione.

In altri termini, il mediatore ha il compito di "educare" le parti al procedimento.

Nella fase iniziale uno strumento utile per cercare di educare ed abituare le parti, sin dall'inizio, alla negoziazione collaborativa può consistere nel condividere e stabilire insieme l'agenda dei lavori, le questioni da affrontare e il modo di affrontarle, attraverso le sessioni congiunte e le sessioni separate (caucus).

Stabilire le regole di base può essere spesso più complicato che dimostrare rispetto e civiltà, ad esempio ricordando l'opportunità di non sovrapporsi nella esposizione dei propri argomenti.

Ciò non esclude, tuttavia, che alcune situazioni possano richiedere regole maggiormente specifiche e di procedura (regolamento o prassi dell'organismo) specie per gestire i momenti di maggiore conflittualità.

Occorre, inoltre, essere consapevoli della presenza costante del conflitto e della necessità di gestirlo efficacemente, sfruttando anche le potenzialità positive di un conflitto costruttivo e non meramente distruttivo.

In sintesi, un buon discorso di apertura del mediatore deve essere ottimista, offrire un modello di cooperazione, educare al procedimento, sottolineare la garanzia della riservatezza e la neutralità del mediatore, conferire alle parti il controllo sull'esito del procedimento perché uniche depositarie del potere decisionale.

Deve, inoltre, essere rispettoso delle parti, esprimere empatia, stabilire un tono positivo e collaborativo, costruire un rapporto di fiducia con le parti, rassicurandole circa la preparazione e conoscenza della controversia.

Un esempio di apertura del mediatore.
Grazie per essere venuti qui oggi e per aver scelto/accettato la mediazione.
Alcuni di voi hanno già esperienza di precedenti mediazioni altri no, in ogni caso vorrei condividere con voi alcune riflessioni in ordine al procedimento di mediazione
Questa è la parte che di solito gli avvocati preferiscono proceda il più sinteticamente possibile, essendo perfettamente a conoscenza del procedimento. Quindi sarò il più possibile breve ma vorrei darvi alcuni suggerimenti che spero possiate trovare utili.
La mediazione è una occasione per parlare di decisioni da prendere.
Qui voi avete il potere di decidere come risolvere la vostra controversia, non io – io non sono un giudice, non sono un arbitro – e farò tutto quello che posso per facilitare il raggiungimento di un accordo.
Cosa accade quando non si raggiunge un accordo all'esito della mediazione. Accade che chi meglio di chiunque altro conosce direttamente il problema ed i fatti che hanno portato e hanno determinato il loro conflitto, finisce col dare ad un terzo – un giudice, un arbitro – il potere di decidere al posto suo, un terzo che non sa praticamente nulla della vicenda. Anche quando

spiegherete al terzo i fatti e ciò che avete vissuto, chi vi ascolta non saprà mai tutto quello che voi sapete.

Ed è proprio questo che dà alla mediazione un gran pregio. Questo è proprio ciò che rende la mediazione uno strumento eccezionale. E' il fatto che voi – che siete le persone che più di ogni altro sanno cosa è accaduto - avete il potere di decidere come risolvere il conflitto che vi riguarda anziché dare tale potere ad un terzo che non può sapere quali siano i vostri pensieri, i vostri reali bisogni, la vostra esperienza.

Quindi oggi tocca a voi lavorare su ciò che è meglio per voi con l'aiuto ed il supporto di tutti, dei vostri avvocati e del vostro mediatore. Come procederemo?

Alcune parole sui conflitti in genere di solito aiutano le parti in conflitto ad abbracciare per così dire la mediazione.

Una delle principali cause di una controversia è rappresentata dalla diversa percezione che le parti coinvolte hanno degli stessi fatti, dello stesso evento, di date informazioni. Il contrasto dipende essenzialmente dal diverso modo di vedere la stessa situazione.

Quindi penso che una delle cose che possa essere utile a prendere decisioni soddisfacenti per ognuno è aiutare ciascuno di voi a guardare ai fatti ed alle informazioni che avete dalla prospettiva dell'altro, oltre che dalla propria.

Facile da dire veramente difficile da fare, guardare con gli occhi dell'altro in modo diverso un dato evento o fatto.

Ci sono diversi modi in cui affrontare la mediazione. Molti preferiscono le sessioni congiunte per spiegare le proprie posizioni, cosa provano riguardo alla situazione.

Spesso può essere molto utile avere anche incontri privati – separatamente- perché normalmente in questa situazione può essere più facile parlare candidamente circa tutto ciò di cui si ha bisogno di parlare, sotto l'egida della garanzia della riservatezza.

La cosa importante, infatti, è ricordare che queste sessioni private sono confidenziali e tutto ciò che viene detto non può essere rivelato all'altra parte salvo espressa autorizzazione.

Se dovessi ritenere che una informazione rivelata in sessione privata possa essere utile se condivisa, vi chiederò sempre espressamente cosa ne pensiate e non ne farò parola salvo previa ed espressa autorizzazione.

La ragione è praticamente ovvia: abbiamo bisogno di sentirci al sicuro e certi che possiamo parlare di qualunque cosa candidamente senza che venga rivelata.

Se deciderete di procedere alla mediazione le tariffe applicabili sono stabilite dal decreto ministeriale.

Se raggiungerete l'accordo potrete usufruire delle esenzioni di imposta e del credito di imposta come per legge.

Ci sono domande? Qualcuno ha osservazioni? Ci sono cose importanti che vorreste dire ora?

3.2.2 I punti essenziali del discorso di apertura: il procedimento di mediazione, il ruolo del mediatore, la riservatezza e l'inutilizzabilità delle informazioni.

A) *Lo scopo della mediazione*

Lo scopo della mediazione è di offrire alle parti la possibilità di esplorare e generare opzioni di accordo (brainstorming) che meglio soddisfino i loro reali bisogni e interessi.

Nel processo le parti chiedono a un terzo di prendere una decisione per loro, nella mediazione conservano il controllo sull'esito del procedimento e la libertà di lavorare insieme per creare il loro accordo e controllare il proprio futuro.

Quando sono le parti a creare il loro accordo è più facile che lo rispettino piuttosto che quando sia qualcun altro ad imporre loro una soluzione.

La mediazione non è volta ad accertare i fatti ed a ricercare torti e ragioni, colpe o responsabilità. L'obiettivo della mediazione è di lavorare insieme per creare un accordo duraturo.

B) Il ruolo del mediatore

Il ruolo del mediatore è di assistere le parti in modo imparziale ed equidistante ovvero equivicino.

Il mediatore non è l'avvocato di nessuna delle parti ed è importante che le parti capiscano che il mediatore non le rappresenta come un avvocato, né è giudice o arbitro della controversia.

L'equivicinanza deve essere mantenuta in ogni momento e sotto ogni profilo. Occorre stare molto attenti persino ad espressioni di simpatia nei confronti dell'una e dell'altra parte. Ricordiamo che i messaggi anche non verbali della comunicazione possono essere male interpretati dal ricevente.

C) La riservatezza e l'inutilizzabilità delle informazioni

Evidenziare alle parti il carattere di riservatezza del procedimento interna ed esterna "Tutte le nostre conversazioni, tutte le vostre dichiarazioni, sono coperte dalla riservatezza e sono inutilizzabili in giudizio".

Tutto il procedimento di mediazione è coperto dalla riservatezza.
"Se volete o quando riterrò opportuno incontrarci separatamente (caucus) a beneficio della mediazione e della ricerca di un accordo, lo farò con il vostro consenso. In ogni caso non darò a nessuno di voi informazioni legali separate. Ricordate che sono il vostro mediatore e non rappresento nessuno di voi come avvocato né vi darò pareri legali. Lo scopo delle caucus è di offrire un ambiente maggiormente confortevole nel quale dare sfogo a emozioni e preoccupazioni o a questioni emotive, non quello di ricevere pareri legali o informazioni confidenziali da parte del mediatore".

Se raggiungerete un accordo avrà valore di titolo esecutivo, purché sia sottoscritto dai legali delle parti che ne attestano espressamente la conformità alle norme imperative e di ordine pubblico.

Il Mediatore non sottoscrive l'accordo.

3.2.3 I punti chiave della fase dell'apertura

L'apertura del Mediatore è:

- volta a cambiare l'atteggiamento conflittuale delle parti verso un approccio collaborativo e fiducioso in ordine alla possibilità di trovare una soluzione capace di soddisfare i reali bisogni e interessi delle parti;
- un momento indispensabile per la creazione di un'atmosfera che incoraggi un confronto costruttivo, un senso di sicurezza, di positività ed ottimismo;
- un'opportunità per il mediatore di dimostrare professionalità e competenza e di svolgere il
ruolo di modello per comportamenti di reciproco rispetto;
- un momento in cui le parti possono essere educate alle dinamiche della negoziazione e della mediazione.

3.2.4. L'apertura delle parti.

Il mediatore deve essere consapevole della tensione che caratterizza le intenzioni ed i discorsi di apertura delle parti.

Da un lato, le parti hanno probabilmente bisogno di sfogarsi l'uno nei confronti dell'altra. L'opportunità di tale momento di sfogo è una importante peculiarità del procedimento di mediazione che consente a ciascuna parte di dire la propria e di farsi ascoltare, dando soddisfazione all'umana esigenza di far sentire la propria voce in ordine al proprio "processo".

Dall'altro lato, l'esposizione di ciascuna parte rappresenta un importante momento di apprendimento per il mediatore che avrà l'opportunità di acquisire preziose informazioni circa le motivazioni del conflitto, le ragioni delle rispettive pretese e gli ostacoli alla risoluzione della controversia, che dovranno essere approfondite - eventualmente nelle sessioni separate - per accertare i reali bisogni e rimuovere gli impedimenti alla soluzione del conflitto.

Individuare ed organizzare le questioni da affrontare contribuisce a strutturare la mediazione.

Una mediazione disorganizzata, che salta casualmente da un argomento all'altro, è facile che si risolva in frustrazione e non porti ad alcun accordo.

Le presentazioni di apertura delle parti sono importanti anche ove abbiano prodotto memorie e documenti.

I contenuti, i toni dell'esposizione, ciò che viene detto e persino il non detto rivelano il sapore del caso e la personalità delle parti e consentono di individuare le questioni più importanti per ciascun partecipante.

Ed ancora, disvelano il fondamento delle pretese, delle affermazioni e delle conclusioni prospettate nelle eventuali memorie depositate.

Esporre personalmente il problema nel corso del procedimento di mediazione, peraltro, costringe le parti a trattare le questioni di fronte ad un terzo neutrale e ad ascoltare l'altra parte.

Mettendo a confronto i punti di vista contrapposti il mediatore potrà identificare i punti sui quali le parti concordano.

Quanto, infine, alle modalità con cui il mediatore può invitare le parti a presentare il loro discorso di apertura, può chiedere alle parti espressamente di riassumere i punti della controversia ovvero invitarle ad una descrizione di come è cominciata la controversia evitando, tuttavia, di incalzarle come se si trattasse di un interrogatorio o peggio ancora con atteggiamento inquisitorio.

La scelta sull'ordine di esposizione, chiamante o chiamato o i relativi consulenti, è bene sempre seguire il criterio di volontarietà del procedimento e spirito collaborativo, proponendo eventuali opzioni condivise dalle parti: "Se siete d'accordo potremmo cominciare con l'esposizione da parte di..."

3.2.5 *Le strategie utili ad individuare le questioni da trattare e che devono essere risolte.*

Il mediatore può suggerire alle parti di:

Creare una lista scritta, in tal modo le parti possono sentirsi confortate dal fatto di sapere che c'è una lista e che le proprie questioni non saranno trascurate.

Che sia una lista aperta. Anche le questioni che possono sembrare illogiche dovrebbero essere incluse nell'agenda, non sono quelle direttamente o legalmente conferenti e rilevanti per la controversia.

Tali questioni, infatti, possono costituire una fonte sorprendente per la scoperta degli interessi sottostanti, indispensabili alla individuazione di una soluzione creativa.

Riformulare le questioni. Il mediatore deve riformulare le questioni in modo neutro, volto a creare un dialogo costruttivo tra le parti, attraverso la tecnica della formulazione positiva ed evitando l'uso di un linguaggio negativo o peggio minaccioso.

Il mediatore dovrebbe sempre chiedere alla parte il permesso di riformulare le sue argomentazioni all'altra parte, confermare e chiedere conferma che tutte le questioni/preoccupazioni siano sulla lista.

La creazione di un'agenda consente di gestire e incoraggiare la discussione e, allo stesso tempo, identificando il numero delle questioni da trattare, dà alle parti la sensazione e la speranza che una soluzione sia possibile.

Stabilire l'agenda dei lavori

Una volta identificate le questioni da affrontare occorre stabilirne la priorità. In tal modo le parti acquisiscono consapevolezza del valore che ciascuna attribuisce ad ogni questione, stabilendo con l'aiuto del mediatore l'ordine di trattazione che ha maggiore possibilità di successo.

Stabilire le priorità inoltre aiuta a determinare quali questioni dovrebbero essere trattate congiuntamente perché tra loro collegate e quali individualmente.

Quanto ai metodi per stabilire l'ordine di trattazione possono essere utilizzati diversi criteri di scelta: indicazione alternata delle parti ovvero per ordine crescente o decrescente di importanza.

Particolarmente efficace, ove possibile, è la suddivisione del problema in singole questioni al fine di procedere per gradi nella risoluzione del conflitto, suddiviso in questioni minori consentendo il progredire del procedimento ed alimentando la fiducia delle parti circa l'esito finale del procedimento.

3.3 LA FASE DELLA COMUNICAZIONE

"La persona saggia non dà le risposte giuste, pone le domande giuste" Claude Levi Strauss.

Gli scopi della comunicazione nella mediazione sono due: per le parti, comprendere le rispettive prospettive e punti di vista e per il mediatore, ricostruire la comunicazione tra le parti, capire le posizioni e gli interessi di ognuna.

Le tecniche di comunicazione nella mediazione vengono impiegate allo scopo di scoprire i valori, gli interessi nascosti ed i reali bisogni delle parti che devono essere soddisfatti per la composizione del conflitto.

A tal fine è indispensabile che il mediatore incoraggi i partecipanti al tavolo della mediazione a partecipare al procedimento in modo attivo portandoli ad esprimere i propri reali interessi.

Attraverso l'uso degli strumenti e delle tecniche della comunicazione sarà in grado di acquisire tutte le informazioni necessarie alla individuazione delle cause dell'impasse che ha determinato il conflitto.

Perché le parti hanno smesso di comunicare oppure come hanno/non hanno comunicato fino a quel momento?

3.3.1 Le tipologie di domande.

Le parti si aspettano che il mediatore ponga loro delle domande.

Le domande da utilizzare nei diversi momenti della mediazione possono essere di diversi tipi.

Poiché *le domande giuste al momento sbagliato diventano le domande sbagliate,* le domande devono essere impiegate dal mediatore in modo consapevole ed al momento giusto.

Così come nell'esame e controesame dei testimoni nel processo, l'abile ed esperto difensore non porrà mai domande di cui non conosce le risposte, al fine di evitare spiacevoli sorprese, così nella mediazione il mediatore porrà solo le domande necessarie al progredire del procedimento.

Domande chiuse, sono le domande che implicano una risposta breve o secca.

Richiedono una risposta specifica e forniscono una piccola informazione (probabilmente importante). Molte volte implicano semplicemente un "sì" o un "no".

Normalmente non vanno utilizzate quando conducono ad una "strada senza ritorno", vale a dire quando contengono un elevato rischio di bloccare o peggio pregiudicare il progredire del procedimento.

Le domande chiuse, tuttavia, possono essere utili nella gestione dei tempi e della modalità del dibattito, ad esempio per portare a conclusione il discorso di una parte.

Esempi: Da quanto tempo vi conoscete? Quanti anni ha? E' corretto dire che...?

Domande aperte, ovvero domande cui corrisponde una risposta narrativa. Danno l'opportunità di una risposta più ampia.

Stimolano una risposta di tipo narrativo che consente di acquisire una pluralità di informazioni o informazioni non emerse in precedenza.

Esempi: Perché le piace il suo lavoro? Cosa la preoccupa oggi? Cosa significa per Lei avere esperienza professionale? Può descrivere cosa le piace del suo lavoro? Mi può aiutare a capire cosa è successo?

Domande suggestive, che suggeriscono la risposta alla persona alla quale vengono poste. Normalmente mirano al consenso alla domanda.

Esempi: Lei era presente il tal giorno nel tal posto, giusto? La stanza d'albergo che le è stata assegnata era di suo gradimento, corretto?

Domande di ascolto attivo: riformulano i commenti delle parti in senso neutrale, eliminando "il cattivo" dalla frase.

Esempio: Sono frustrato dall'atteggiamento del mio capo - Lei non è soddisfatto del risultato della riunione?

Domande elaborative, per acquisire informazioni più dettagliate. Richiedono informazioni aggiuntive rispetto a quanto già detto.

Esempio: Abbiamo bisogno di consegnare il progetto in tempi brevi – Quali tempi e azioni da intraprendere ha in mente?

Domande chiarificatrici, che tendono ad ottenere chiarimenti. Domande dirette che richiedono chiarimenti in ordine ad informazioni già acquisite.

Esempio: Voglio che l'opera venga eseguita utilizzando le modalità ed i tempi che sono sempre stati rispettati – Può aiutarmi a capire quali modalità e tempi vorrebbe fossero utilizzati.

Domande di conferma, che sintetizzano e cercano conferma delle informazioni acquisite.

Esempio: Ho consegnato la fornitura presso la sede di Tizio il giorno x – se ho capito bene ha effettuato la consegna a Tizio nel tal giorno.

Domande che testano la realtà, che mirano a verificare la percezione della realtà. Domande che identificano discrepanze nelle affermazioni delle parti o che testano la percezione della realtà della parti.

Esempio: Quando abbiamo cominciato il dibattito avete promesso di non interrompervi a vicenda, possiamo mantenere la promessa? Quando dice che ha visto un auto allo stop, intende dire che era ferma?

Domande ipotetiche, Cosa penserebbe se? Domande che cercano la risposta della parte a situazione ipotetiche.

Esempio: Se l'altra parte fosse disposta a pagare 20.000,00 euro, accetterebbe? Come pensa che reagirà l'altra parte a questa proposta? Cosa pensa che succederebbe se..?

3.3.2 Le domande del mediatore

Il mediatore ha bisogno di porre soprattutto domande chiarificatrici durante la mediazione.

Chiedere perché.

La regola fondamentale per il mediatore è essere curioso, dimostrando un genuino interesse in ciò che l'interlocutore sta dicendo, manifestando empatia non già simpatia.

Deve evitare di porre domande che esprimano un giudizio o una critica o peggio che si traducano in un interrogatorio o siano poste in modo inquisitorio.

E' indispensabile evitare di porre domande che mettano la parte sulla difensiva o peggio in posizione di conflittualità con il mediatore.

Domande più dirette è preferibile che siano poste nelle sessioni separate, mentre nelle sessioni congiunte il mediatore dovrà cercare di indirizzare alle parti lo stesso numero di domande, anche qualora le informazioni di cui dispone siano sbilanciate e richiederebbero un approfondimento maggiore con l'una piuttosto che con l'atra parte.

Il mediatore deve sempre tendere alla simmetria nel modo in cui tratta le parti.

Ciò non significa che il comportamento del terzo debba essere identico con ciascuna parte, ma deve essere il più possibile equo nei rapporti con le parti.

Esempi di domande aperte che consentono alla parte di parlare e sfogarsi e al mediatore di acquisire maggiori informazioni:

PERCHE'? Chiedere sempre il perché: vogliamo qualcosa sempre per un motivo e il mediatore deve scoprire tale motivo se vuole aiutare le parti a vedere la soluzione)

a. mi dica di più circa..
b. cosa pensa quando..
c. pensa che ci sia altro da aggiungere in relazione a...
d. mi aiuti a capire come, cosa...
e. cosa la preoccupa maggiormente...
f. mi spieghi in maggior dettaglio..
g. quale è la sua analisi, valutazione, quando dice che..
h. cosa pensa quando sente che...
i. cosa pensa che deciderà il giudice circa..
l. perché non è d'accordo quando l'altra parte dice che...

- Lo scopo del domandare

Le domande mirano ad acquisire le informazioni sulle pretese/posizioni/questioni ma soprattutto ad identificare gli interessi ed i bisogni sottostanti delle parti.

Inoltre, consentono di comprendere la personalità delle parti, di accertare chi detiene il potere decisionale, non solo in senso formale ma anche in concreto, di scoprire i motivi, il punto di rottura della comunicazione, il livello di scambio di informazioni, i preconcetti e i pregiudizi.

In ultimo e non da ultimo conoscere le ragioni delle scelte, delle pretese, dell'agire altrui aiuta a capire l'altro e consente di cominciare a comunicare con l'altro.

- Le fasi del domandare

E' importante che il progetto di mediazione elaborato dal mediatore in fase di preparazione riguardi l'esplorazione degli interessi e la ricerca di informazioni.

Il mediatore deve, in particolare:

1. elaborare le informazioni (es: mi dica di più circa...) richiedendo informazioni aggiuntive;
2. chiarire le informazioni raccolte;
3. confermare le notizie ricevute, riassumendo quanto ascoltato e cercando conferma della propria corretta comprensione;
4. confrontare le informazioni per accertare la percezione delle parti della realtà, dei medesimi fatti, ed i reciproci punti di vista.

Infine deve astenersi dal giudizio, evitare di giudicare ciò che sta ascoltando. Poiché astenersi dal giudizio è impossibile almeno quanto fermare il pensiero, astenersi dal giudizio significa acquisire la consapevolezza che si sta giudicando.

- Il flusso delle domande

Mai passare direttamente da domande aperte a domande chiuse e viceversa, nel primo caso la parte si sentirà interrotta mentre nel secondo si rischia che la parte si senta sottoposta ad interrogatorio e si ponga sulla difensiva nei confronti del mediatore.

E' opportuno, pertanto, cominciare con domande aperte, passando per domande di chiarificazione delle informazioni raccolte fino a domande chiuse, anche per regolare i tempi del dibattito.

Viceversa se si comincia con domande chiuse si passerà alle domande di elaborazione dei concetti e poi alle domande aperte.

Fondamentale è il tono delle domande:

Es: Non posso credere che TU abbia detto questo. Non posso credere che tu abbia detto QUESTO.

In ogni caso, lo stile del mediatore ed il tono nel porre le domande dovranno essere sempre adeguate alle esigenze del caso concreto in ragione della situazione, della natura e peculiarità della controversia e della personalità delle persone.

Così come l'esame ed il controesame dei testimoni nel processo non può essere condotto in modo casuale o peggio avventato, così nella mediazione il mediatore deve sempre compiere scelte ponderate e consapevoli.

3.3.3 Le sfide della comunicazione

Il modo in cui percepiamo la realtà è influenzato da molteplici fattori: la personalità, l'esperienza personale, i pregiudizi, la selezione delle informazioni, tanto che può dirsi che non esiste una realtà oggettiva ma esiste il modo di ciascuno di percepirla.

L'oggetto della comunicazione è trifasico:

- il messaggio che si intende trasmettere (cosa si intende dire);

- il messaggio comunicato (cosa viene comunicato);

- il messaggio percepito (cosa viene compreso dall'interlocutore).

Per evitare malintesi ed essere certi che vi sia una corretta comunicazione è indispensabile verificare sempre cosa le parti hanno udito dal mediatore e cosa il mediatore ha udito dalle parti.

Le diverse forme della comunicazione

a) Comunicazione diretta (low context communication);

b) Comunicazione indiretta (high context communication).

Nel primo caso il messaggio è diretto e le parole sono esplicite (si dice ciò che si intende dire, si vuole dire ciò si che si dice).

Nel secondo caso il messaggio è indiretto e si avvale di molte più parole.

Nel confronto tra i due tipi di comunicazione, l'uno è frustrato ed impaziente per la mancanza di comunicazione diretta del messaggio e l'altro può finire col sentirsi offeso.

Tipici esempi di tali differenze sono rappresentati dalle contrapposte culture, occidentale ed orientale.

Nel primo caso: A intende comunicare a B ciò che dice. Nel secondo caso: A non darà mia una risposta secca, il messaggio è indiretto evitando risposte secche.

Cercare di modificare l'uno o l'altro modo di comunicare è inutile, occorre piuttosto cercare di chiarificare, prospettare vantaggi e svantaggi dell'una o dell'altra forma di comunicazione impiegando tempo, pazienza e rispetto.

Le personalità

Le differenze nella comunicazione dipendono inoltre dalle personalità e dalla cultura delle parti. Il modo di comunicare è influenzato dal nostro background culturale, familiare e sociale.

Così come vi sono culture che comunicano discutendo animatamente (si pensi alla cultura mediterranea) vi sono persone che anche per la loro storia personale conoscono solo un modo di comunicare, in cui il discutere e persino litigare è una forma, un modo di comunicare.

Si tratta di prototipi, non già stereotipi, i quali a differenza dei secondi si fondano su osservazioni statistiche e non su mere generalizzazioni spesso infondate.

Le personalità si distinguono anche in
a) MONOCROMICA
b) POLICROMICA

Il primo tipo di personalità è sequenziale, focalizzato, strutturato, lineare, organizzato, con tempi rigorosamente programmati.

Il secondo ha pensieri multipli, pensa a più cose contemporaneamente, considera il tempo come qualcosa di relativo.

Di fronte a persone appartenenti ai due diversi tipi, il compito del mediatore è cercare di bilanciare le diverse caratteristiche ed utilizzare le differenze, considerando ad esempio che il monocromico apporta strutturalità, il policromico flessibilità.

Senza cadere negli stereotipi, di solito gli uomini hanno una personalità monocromica e le donne policromica.

Solitamente i policromici parlano contemporaneamente e spesso si sovrappongono ma si tratta di un modo di comunicare per dimostrare entusiasmo e condivisione all'interlocutore.

Al contrario, i monocromici sono di poche parole, e utilizzano la comunicazione diretta.

Gli *scopi della comunicazione*
a) parlare per rapportarsi (rapport speech),
b) parlare per riportare all'altro qualcosa (report speech).

Un altro aspetto fondamentale della comunicazione riguarda lo scopo della stessa.

Nel primo caso ciò che conta è la relazione, nel secondo l'oggetto della conversazione.

Esempio: "c'era un incidente, scusa sono in ritardo". La ragione delle scuse è solo quella di ricollegarsi all'altro.

Si vuole comunicare con l'altro solo per stabilire un rapporto, come nel citato esempio delle scuse, ma l'interlocutore può fraintendere lo scopo della comunicazione.

Proprio per tale motivo è importante accertare ed essere in grado di capire quale è la vera richiesta dell'interlocutore.

Buona parte del racconto potrebbe essere solo un parlare del rapporto e non una vera e propria richiesta o pretesa.

E' bene a tal fine fare sempre chiarezza e assumere informazioni, ad esempio "cosa vuole che si faccia in proposito".

Le incomprensioni possono nascere facilmente se l'uno parla per rapportarsi e l'altro prende in considerazione unicamente l'oggetto del discorso.

Es: a) Non mi hai chiesto scusa b) non ho fatto niente di sbagliato.

In conclusione, mai dare niente per scontato, mai presumere quale sia il significato della comunicazione. Nell'esempio delle scuse la richiesta o la formulazione delle stesse potrebbero avere ad oggetto unicamente la relazione personale e non già il merito per aver fatto qualcosa da farsi perdonare.

Le diverse percezioni del rischio

a) Coloro che evitano l'assunzione di rischi elevati - di solito sono anche personalità monocromiche - sulla base di una percezione oggettiva del rischio;

b) Coloro che hanno una valutazione soggettiva del rischio bassa.

Le differenze nelle percezioni e tra le personalità possono essere causa dell'impasse nella comunicazione, dando luogo ad incomprensioni e malintesi.

È importante evidenziare le caratteristiche proprie di ciascuno per capire le ragioni dei malintesi e delle differenti percezioni.

Le differenze di status

Infine le difficoltà della comunicazione possono essere determinate dalle differenze di posizione sociale o di status basate su: genere, età, famiglia, classi sociali.

In sede di mediazione occorre cercare di "educare" la persona socialmente più potente ed il mediatore ha il compito di cercare di capire tali differenze.

Occorre cercare di capire cosa può essere valorizzato della persona con minore potere sociale (classe, posizione, professione, educazione) per cercare di ristabilire la comunicazione. Nel procedimento di mediazione, lo stesso mediatore riveste una posizione di più elevato "potere di status" nei rapporti con le parti le quali, proprio per questo, spesso si affidano al mediatore per individuare la soluzione.

3.3.4 L'ascolto attivo

"Abbiamo due orecchie per sentire e una bocca per parlare" "Ogni stupido può ascoltare. Il punto è capire" A. Einstein

Compito del mediatore è ristabilire il flusso della comunicazione tra le parti.

I livelli di ascolto

Quando una persona parla, chi ascolta può ascoltare a diversi livelli o gradi di ascolto:

Nessun ascolto: ignorare

Ascolto simulato: pretendere di ascoltare

Ascolto selettivo: selezionare solo informazioni rilevanti

Ascolto attivo o attento, che esprime curiosità, empatia.

E' importante ascoltare tutto ciò che viene detto per raccogliere più informazioni possibili, anche quelle contenute tra le righe, ad esempio quando le parti si rivolgono accuse reciproche (dietro le accuse si nascondono spesso delle confessioni ed attraverso le accuse si scoprono gli interessi reali delle parti).

Il cervello umano si apre quando ascolta pensieri che condivide e tende a chiudersi, a non ascoltare, le informazioni che non condivide o che non gradisce.

Proprio per questo, al fine di comprendere veramente le dinamiche del conflitto ed i messaggi della comunicazione, occorre sospendere il giudizio, *rectius* essere consapevoli che si sta giudicando e che giudicare impedisce di comprendere.

3.3.5 Le tecniche dell'ascolto attivo

La tecnica della parafrasi (ovvero della riformulazione)
Riflettente: del feedback emotivo, es: per lei è frustrante, lei si è sentito ingiustamente giudicato.

Riaffermativa: ripete ciò che viene raccontato riassumendo ed enfatizzando i punti principali, dando incoraggiamento, per verificare l'esatta comprensione.

Rielaborativa: cambiando da negativo a positivo ovvero a neutro; dal passato al futuro; dalla focalizzazione sulle pretese a quella sugli interessi.

È importante: togliere il "cattivo" dalla frase, (non gli darò mai un soldo - non è pronto a pagare).

Alcune regole fondamentali, mutuate dalla psicologia che usa lo strumento dell'ascolto per curare, possono essere molto utili per il mediatore:

1. rinuncia alla parte di te che vuole essere più importante di chi parla. Lascia che l'interlocutore sia la persona più importante quando parla.

2. Resisti al tuo desiderio di parlare. Quello che vorresti dire tu è il tuo maggior ostacolo all'ascolto.

3. Sospendi il giudizio o meglio, acquisisci consapevolezza che stai esprimendo un giudizio ed evita che le tue conclusioni ed opinioni ti impediscano di recepire il reale messaggio di chi parla.

4.   Individua ciò che è veramente importante per chi parla: sia ciò che viene detto che ciò che viene non detto.

5.   Focalizza il fatto più importante. Esamina tutto ciò che viene detto ed individua il messaggio più importante.

Le tecniche del riconoscimento e della normalizzazione

Il ruolo del mediatore è anche quello di sollecitare il giusto atteggiamento mentale delle parti, stimolandone la pazienza, verso un atteggiamento collaborativo ed uno spirito di conciliazione. Nel gestire e valutare le aspettative delle parti spesso può essere utile fare appello al grado di competenza specifica di ciascuno.

La tecnica del riconoscimento consiste nel riconoscere l'esistenza e l'importanza di ciascuno, della sua professionalità ed esperienza ed assicura che i sentimenti ed i bisogni di ciascuno siano riconosciuti ed apprezzati. Esempio: "in base alla sua esperienza cosa pensa che accadrebbe se".

La ragione della utilità di tale tecnica nasce dall'osservazione che solitamente le persone sono disposte a condividere aspetti vulnerabili della loro realtà quando pensano di essere accettate e apprezzate.

Per conoscere e comprendere la realtà dell'altro, chi ascolta deve comunicare che accetterà e apprezzerà ciò che gli viene detto, anche attraverso la normalizzazione (es: "capita a tutti di, capita spesso che") richiamando quello che accade di solito in casi analoghi o descrivendo una condotta auspicabile o che ci si attende solitamente ("Le persone generalmente tendono a comportarsi allo stesso modo").

3.3.6 Rispondere alle emozioni

Il mediatore non dovrà mai reagire ad attacchi delle parti e cedere all'aggressività.

Anche nel caso in cui si avesse ragione, far sentire l'altro (specie se l'avvocato) umiliato è sempre controproducente.

E' essenziale, inoltre, controllare le proprie emozioni anche con riguardo alle espressioni del viso o del corpo. Occorre controllare le reazioni istintive (di sorpresa, dissenso etc.) e allo stesso tempo utilizzarle consapevolmente in modo produttivo per educare o dare informazioni alle parti.

D'altro lato, le reazioni emotive possono essere utilizzate come utili informazioni.

Infatti, mentre è bene evitare di dare risalto ad affermazioni di carattere emotivo cercando di ignorare le reazioni emotive delle parti, le emozioni delle parti posso essere utilizzate come punto di osservazione per capire l'approccio delle stesse al conflitto e come si comportano nella situazione di conflitto.

Inoltre, le reazioni emotive possono essere utili alla scoperta degli interessi e bisogni essenziali alla risoluzione del conflitto.

Infine, sebbene l'esplorazione delle emozioni possa essere molto rischiosa in termini di possibile escalation del conflitto, le reazioni emotive possono essere addirittura provocate (preferibilmente nelle sessioni separate) allorché la mancata manifestazione e sfogo delle emozioni rappresenti un ostacolo al superamento dell'impasse, impedendo il progredire del procedimento.

LE SESSIONI SEPARATE

3.3.7 L'uso strategico delle sessioni separate

Alcuni modelli di mediazione preferiscono utilizzare unicamente o preferibilmente le sessioni congiunte, sulla base dell'assunto che proprio in tale sede può essere ristabilita la comunicazione tra le parti, obiettivo fondamentale della mediazione.

D'altra parte, se le sessioni congiunte sono essenziali per lo scambio di informazioni, per creare interesse e slancio verso la conciliazione e per generare insieme opzioni di risoluzione (il cd. brainstorming), le sessioni separate sono fondamentali per la scoperta degli interessi delle parti, per fronteggiare momenti di tensione o per superare un impasse del procedimento o per lasciar sfogare le tensioni evitando l'escalation del conflitto, per testare le informazioni acquisite e, persino, nei momenti di difficoltà del mediatore per una semplice pausa. Ed ancora, per gestire situazioni di elevata conflittualità o semplicemente per cambiare tecnica.

Nel corso delle sessioni separate, inoltre, il mediatore può analizzare con la parte con maggiore libertà le conseguenze delle scelte, dei passi o delle proposte o controproposte che la parte stessa intende fare.

Es: Sarei curioso di sapere quale impatto pensa possa avere sulla negoziazione; come vorrebbe usare tale informazione.

Le sessioni private iniziali.

La scelta relativa a quale delle parti il mediatore incontrerà per prima in sessione separata è rimessa all'intuito del mediatore. Spesso la scelta ricade sulla parte che non ha parlato per prima per riequilibrare la simmetria di trattamento tra le parti o il vantaggio che può derivare a chi in un dibattito ha parlato per primo. Altre volte può apparire maggiormente neutro fare appello alle regole o alla prassi dell'organismo, a meno che le parti abbiano un accordo diverso.

In alcuni casi può essere preferibile procedere prima con il chiamato in modo da dargli l'opportunità, senza la presenza dell'altra parte, di evidenziare i punti della domanda che possano avere fondamento. Dopo aver parlato con il chiamato, il mediatore può incontrare il chiamante per accertare gli interessi sottostanti le sue pretese, avendo conoscenza dei punti in relazione ai quali il "convenuto" potrebbe andare incontro alle richieste dell'attore al fine dell'individuazione della zona di possibile accordo.

In altri casi può essere opportuno incontrare per prima la parte che ha mostrato di trovarsi meno a proprio agio nelle sessioni congiunte oppure quella che sembra maggiormente lontana rispetto alla possibilità di conclusione dell'accordo.

Quale che sia la scelta è sempre preferibile verificare il consenso delle parti: "Se non avete preferenze potremmo procedere..."

Nelle sessioni iniziali lo scopo del mediatore è acquisire le informazioni che disvelino gli interessi sottostanti. Tale processo può richiedere tempo, specie all'inizio, proprio perché il mediatore ha bisogno di tempo per costruire il rapporto di fiducia con le parti.

Ai fini della gestione dei tempi delle sessioni, può essere utile anticipare all'altra parte che ci vorrà del tempo e dare una stima approssimativa del tempo che verrà impiegato, per evitare attese che possano irritare la parte lasciata a se stessa.

In ogni caso è opportuno cercare di non dilungarsi troppo nelle sessioni private.

Prima di dare inizio alle sessioni separate è importante ricordare il carattere confidenziale e di riservatezza delle medesime.

Parimenti al termine di ogni sessione è sempre opportuno ricordare che tutto ciò che è stato rivelato in tale sede resta confidenziale e che il mediatore comunicherà informazioni o proposte all'altra parte solo se espressamente autorizzato.

I vantaggi delle sessioni separate

Le sessioni private consentono di:

- acquisire informazioni confidenziali relative a questioni particolarmente delicate che non possono essere affrontate o che non potrebbero emergere in sessione congiunta;

- scoprire gli interessi sottostanti alle questioni emerse in sessione congiunta e scoprire le reali posizioni di ciascuna parte rispetto a tali questioni;

- dare a ciascuna parte la possibilità di sfogarsi e di esprimere le proprie emozioni senza rischiare l'escalation del conflitto;

- dare al mediatore l'opportunità di accertare le reali cause del conflitto, il perché dell'impasse nella risoluzione, gli impedimenti e gli ostacoli della comunicazione;

- dare al mediatore l'opportunità di far muovere le parti verso pretese più realistiche o ragionevoli (analisi del BATNA WATNA e MLATNA);

- dividere le parti in caso di escalation o degenerazione del conflitto.

3.3.8 Le tecniche di valutazione

L'analisi del merito della controversia non deve mai essere effettuata dal mediatore almeno finché non abbia consolidato il rapporto di fiducia con le parti.

Le opinioni circa il merito della controversia è opportuno che vengano espresse nella fase conclusiva della mediazione, al momento della valutazione dei rischi e delle alternative alla conclusione dell'accordo (migliore, peggiore e probabile).

Le valutazioni di merito espresse prematuramente ove negative possono, infatti, essere percepite come espressione di un atteggiamento parziale del mediatore, ove positive possono creare infondate aspettative nella parte.

Tali effetti negativi possono essere superati dalle parti solo se hanno acquistato fiducia nel mediatore, se sentono che il mediatore ha capito i loro interessi ovvero se hanno fiducia nelle sue competenze giuridiche e nella sua capacità di prevedere i possibili o probabili esiti del giudizio.

L'approccio maggiormente consigliabile è di chiedere alle parti stesse, ed ai loro consulenti, di esprimere la loro opinione sui punti deboli e forti del loro caso e delle loro posizioni.

Chiedere alla parti di spiegare il loro BATNA (migliore alternativa all'accordo) o il loro MLATNA (maggiormente probabile alternativa all'accordo), di immaginare l'ipotesi peggiore (WATNA), di calcolare i costi e le conseguenze di una causa che li vedrebbe soccombenti, le realistiche possibilità di vittoria, i probabili danni e l'incognita di una decisione assolutamente imprevista e imprevedibile.

Si tratta di una analisi approfondita che si avvale, ove presenti, della capacità ed esperienza professionale dei consulenti (avvocati delle parti), circa le ipotesi alternative: la migliore-la buona-l'accettabile-la peggiore-l'attuale.

L'analisi dei vantaggi e degli svantaggi di un accordo e del non accordo è molto utile per guidare le parti nella scelta da prendere: invitando i consulenti e le parti ad analizzare ed esporre ogni singola ipotesi - dal punto di vista tecnico con i consulenti e da un punto di vista empirico con le parti, anche richiamando esperienze analoghe vissute da amici, parenti o apprese da giornali (ad esempio con riferimento ad esiti ingiusti o inaspettati di processi e sentenze) – si individuano i criteri oggettivi che possano consentire alla parte di effettuare una scelta ponderata, accordo sì accordo no.

In ogni caso, è sempre preferibile consentire a ciascuna parte di mantenere, quanto più possibile, il proprio punto di vista in ordine alla controversia perché ciò agevola la conclusione dell'accordo.

A differenza del processo, lo scopo della mediazione non è di accertare fatti e colpe ma di ricostruire due punti di vista che, sebbene diversi, consentano alle parti di giungere ad una soluzione.

Il compito è costruire il futuro e non ricostruire il passato. Quanto più i rispettivi punti di vista ed analisi saranno salvaguardati tanto più probabile sarà che le parti accettino i risultati della mediazione.

Lo scopo non è convincere e persuadere le parti a cambiare le rispettive tesi e motivazioni ma ottenere il consenso all'accordo. Non è necessario che le parti trovino un accordo per le stesse ragioni, o siano d'accordo sulle reciproche motivazioni (sebbene la tendenza umana sia quella di cercare di convincere l'altro della bontà delle proprie ragioni).

La sfida non è soddisfare bisogni congiunti ma soddisfare bisogni diversi delle parti.

Nel caso in cui determinati fatti risultino insuperabili o date argomentazioni siano particolarmente fondate, il mediatore potrà, nella sessione privata, enfatizzare i vantaggi di una transazione, utilizzando proprio i fatti e le motivazioni maggiormente rilevanti per la parte.

Nel caso in cui le parti lo richiedano espressamente ovvero risulti opportuno che il mediatore esprima la propria valutazione di merito è sempre preferibile che sia espressa in modo ipotetico e indiretto (non già personale) ove possibile prospettando ipotesi alternative.

Nel caso in cui risultino indispensabili valutazioni più dirette occorrerà usare tatto e diplomazia, esprimendo empatia (giammai simpatia).

3.3.9 Quando una parte non è collaborativa

Le parti, specie all'inizio della mediazione, possono essere riluttanti a riconoscere i punti deboli del proprio caso o restie a formulare un'offerta che promuova la risoluzione transattiva della controversia.

Quando le parti non sono collaborative per il mediatore diventa più difficile – almeno finché non abbia instaurato un rapporto di fiducia – stimolare il progredire del procedimento senza incorrere nel rischio di apparire parziale.

Può accadere che le parti cerchino di mettere in difficoltà il mediatore ovvero che – intenzionalmente o semplicemente perché si tratta di persone introverse o particolarmente diffidenti – rifiutino qualsivoglia forma di collaborazione.

In tali circostanze, l'uso strategico delle domande ipotetiche consente al mediatore di suggerire una direzione alle trattative senza vincolare alcuna delle parti all'impegno verso l'opzione suggerita.

Così facendo agevolerà il progredire della negoziazione tra le parti cercando di avvicinare le rispettive posizioni, sulla base di ciò che l'uno o l'altra potrebbe fare, e allo stesso tempo sarà in grado di individuare la zona di possibile accordo tra le parti (ZOA).

All'interno di tale zona spetterà unicamente alle parti stabilire in quale punto concludere l'accordo, esulando dai compiti del mediatore il controllo circa la maggiore o minore giustizia dell'accordo raggiunto.

Esempio: "Se riuscissi ad ottenere che l'altra parte accetti X, pensa che Lei potrebbe prendere in considerazione di..."

Anche il linguaggio non verbale vale a dire le reazioni istintive delle parti di fronte ad opzioni ipotetiche possono essere di aiuto per il mediatore per individuare la zona di possibile accordo, facendo attenzione anche ad eventuali contro-strategie "manipolative" che potrebbero trarre in inganno il mediatore circa i reali confini della ZOA.

Nella negoziazione, infatti, occorre tener presente che spesso - specie nelle ipotesi di obbligatorietà della mediazione – le parti si presenteranno al tavolo della mediazione solo perché costrette dal legislatore o dal giudice e tratteranno il mediatore come un soggetto con il quale devono negoziare né più né meno che come con la controparte.

In ogni caso, che le parti appaiano o siano o meno collaborative, il mediatore dovrà sempre ascoltare e osservare attentamente anche ciò che non viene detto al fine di trarre ogni utile indicazione e cercare di ottenere il massimo delle informazioni possibili, gestendo le pause (utili per riordinare le idee o per meglio riflettere sui dati acquisiti) e persino i silenzi, senza cedere alla umana tentazione di riempire il vuoto del silenzio solo per superare l'imbarazzo che generalmente il silenzio ingenera nei rapporti interpersonali.

3.3.10 Gli scopi delle sessioni separate

L'obiettivo ultimo delle sessioni confidenziali, al pari delle sessioni congiunte, è sempre quello di aprire i canali di comunicazione tra il mediatore e ciascuna parte, tra il mediatore ed i consulenti, ove presenti, e tra le parti stesse, grazie all'assistenza del mediatore, il quale potrà guidarle nella individuazione e formulazione di proposte che possano essere trasmesse l'un l'altra, in modo da consentire il progredire del procedimento verso una soluzione della controversia.

Solo una volta ristabilito un livello sufficiente di comunicazione potrà, infatti, ritenersi imboccata la strada per una negoziazione di successo.

4
LA NEGOZIAZIONE

La negoziazione costituisce il cuore della mediazione.

La mediazione altro non è che negoziazione assistita, facilitata dall'intervento di un terzo neutrale, il quale attraverso una prospettiva terza del conflitto assiste le parti nel raggiungimento di un accordo.

Proprio perché terzo, il mediatore ha il potere di muoversi agilmente oltre i confini della negoziazione diretta, sia grazie alla prospettiva più ampia che gli deriva dalla maggiore pienezza delle informazioni (anche confidenziali), che normalmente le parti non si scambiano, sia grazie agli strumenti di cui dispone per facilitare la comunicazione ed il superamento dell'impasse nella negoziazione.

Il compito del mediatore è far progredire la negoziazione, incoraggiando le parti verso un modello di negoziazione collaborativo/integrativo: che espande la torta prima di dividerla (cd: modello win-win basato sugli interessi) piuttosto che meramente competitivo/distributivo: della mera divisione della torta (cd: modello somma 0, vince/perde).

Abile conoscitore delle dinamiche dei conflitti e delle strategie di negoziazione è in grado di scoraggiare proposte controproducenti o richieste infondate e sproporzionate, intempestive, o peggio ancora offensive che possono mettere gravemente a rischio o determinare il fallimento della negoziazione.

Correggendo la "rotta" della negoziazione riconduce le parti verso offerte collaborative, focalizzate sulla risoluzione, non già sulla vittoria della controversia.

4.1 La tensione tra competizione e collaborazione

Durante la negoziazione le parti tendono naturalmente verso la negoziazione distributiva.

Compito del mediatore è "educare" le parti ai tempi della negoziazione collaborativa, ricordando loro che la "danza della negoziazione" non può iniziare finché non vengano poste sul tavolo offerte ragionevoli, che il procedimento richiede una serie di concessioni (creative), che ogni proposta e controproposta invia all'altra parte un chiaro segnale circa la possibilità o meno di accordo.

La negoziazione è un vero e proprio rituale che richiede pazienza e non ammette scorciatoie.

Una soluzione raggiunta troppo presto e troppo facilmente lascia le parti insoddisfatte, nel dubbio che probabilmente ciascuna avrebbe potuto ottenere un accordo maggiormente vantaggioso, con intuibili rischi sul buon esito della mediazione o della durata dell'accordo.

Ogniqualvolta le parti tenderanno verso la competizione distributiva, il terzo neutrale nella sua veste di negoziatore ragionevole le dovrà ricondurre nella direzione della negoziazione collaborativa focalizzando sugli interessi ed i bisogni sottostanti, anziché sulle posizioni.

La negoziazione distributiva procede, infatti, attraverso la negoziazione unicamente delle posizioni, rispetto alle quali le parti si fanno reciproche e progressive concessioni, in cui c'è una stretta correlazione tra tempi ed ampiezza delle concessioni e il cui risultato è normalmente prevedibile (statisticamente intorno alla media tra le prime due offerte ragionevoli).

Prima ancora che intorno al tavolo, la negoziazione comincia all'interno di ciascuno e la scelta verso la competizione o verso la collaborazione è influenzata da numerosi fattori esterni: valori morali, esperienza personale, sociale e culturale.

Se da un lato, la negoziazione distributiva contiene in sé elementi ricorrenti e prevedibili, dall'altro, presumere che l'altra parte farà quello che io farei potrebbe rivelarsi un grave errore.

Le presunzioni sono facili trappole del ragionamento e ove non verificate - attraverso l'acquisizione del maggior numero di informazioni possibili - possono riservare imprevedibili sorprese. Tuttavia possono essere utili, se portano ad essere curiosi e a ricercare informazioni.

4.2 Come creare collaborazione evitando di essere sfruttati

Il negoziatore generalmente ha due obiettivi: conseguire il proprio scopo ed evitare di essere sfruttato scegliendo la cooperazione basata su cinque regole fondamentali.

Essere collaborativi. La prima mossa deve essere cooperativa: una concessione piccola che invia un messaggio di cooperazione all'altra parte, sul procedimento e non già nel merito. Anche un gesto di cortesia, lo scambio di una informazione, anche semplicemente riguardo al modo di procedere. Limitando il rischio ad elementi cui si sa di poter facilmente rinunciare senza porre in pericolo le questioni più importanti.

Rispondere adeguatamente. Come si risponde è parimenti importante perché si invia un preciso messaggio all'altra parte (competitivo o collaborativo).

Rispondendo in modo collaborativo a mosse collaborative e in modo competitivo a mosse competitive il negoziatore segnala all'altro che la cooperazione è maggiormente conveniente per entrambi.

Tendenzialmente una mossa non collaborativa provoca una reazione analoga

Se si vuole cambiare la dinamica della negoziazione, rispondere ad una mossa competitiva con una mossa collaborativa può essere utile per educare l'altro al valore della collaborazione.

In tale contesto, il ruolo del mediatore è condurre le parti verso il mutamento delle dinamiche competitive incoraggiandole a fare piccole concessioni. Es: proviamo a dare alcune informazioni e vediamo l'altra parte come reagisce, se ci viene incontro.

Perdonare se l'altro diventa collaborativo. Segnala all'altro che il metodo collaborativo è sempre preferibile.

Essere coerenti nell'approccio alla negoziazione. Il negoziatore coerente diventa prevedibile ed affidabile consentendo all'altro di decidere di rischiare ed essere a sua volta collaborativo. In questo modo le parti si concentrano sul futuro anziché sul passato.

Essere trasparenti e flessibili. Vale a dire, fare chiaro all'altra parte che si è pronti a cooperare ma non a farsi sfruttare, essere franchi e parlare apertamente e direttamente della propria intenzione ma che si è pronti a cambiare gioco se si ricevono solo risposte non collaborative.

E' bene tener presente, tuttavia, che anche quando l'altro assume un comportamento collaborativo ciò non significa che lo farà fino alla fine e che essere collaborativi, quando si tratta di interessi, comporta soprattutto capire i bisogni dell'altro mentre la mancanza di reciprocità e l'approccio competitivo possono pregiudicare le relazioni personali.

La prevedibilità ed a un tempo la complessità della negoziazione richiede, dunque, al mediatore efficace, la capacità e l'abilità di riconoscere le dinamiche della negoziazione, per analizzare con ciascuna parte le conseguenze di ogni decisione stimolando la collaborazione per facilitare il raggiungimento dell'accordo.

Il mediatore deve essere egli stesso un negoziatore ragionevole, in grado di facilitare la risoluzione incoraggiando la comunicazione tra le parti.

4.3 Le dinamiche e le strategie della negoziazione distributiva

L'offerta di apertura

La prima questione da decidere è se si vuole formulare per primi una proposta o si vuole lasciare che sia l'altro ad aprire la negoziazione.

Chi apre per primo?

E' meglio fare per primi l'offerta o attendere che sia l'altra parte a formularla. La risposta è: dipende.

Il vantaggio di aprire per primi è quello di influenzare le aspettative dell'altro sulla negoziazione.

Se invece si lascia che sia l'altro ad aprire: si acquisiscono informazioni, si osserva l'approccio dell'altro alla negoziazione e si può avere il vantaggio che l'altro formuli una proposta più vantaggiosa di quanto ci si aspetti.

Se si apre per primi: si assume il controllo sulla negoziazione e si ha il vantaggio di influenzare le aspettative dell'altro, gettando l'ancora sulla futura negoziazione (fissando il cosiddetto polo magnetico).

La scelta dipende da molti fattori: dal numero delle informazioni che si possiedono in ordine all'oggetto della negoziazione ed alla personalità dell'altra parte.

Offerte ragionevoli, credibili e offensive

L'offerta iniziale può essere:

1. Formulata all'interno della Zona di Accordo ed essere accettabile per entrambe le parti. In questo caso le parti potrebbero continuare a negoziare semplicemente per migliorare le rispettive posizioni.

2. Ragionevole. In tal caso, sebbene fuori della zona di accordo dell'altra parte, in quanto ragionevole consente di continuare a negoziare sebbene entro un margine di trattativa limitato.

3. Credibile, ma non irragionevole tanto da pregiudicare la negoziazione.

4.   Offensiva, talmente irragionevole da determinare il rifiuto dell'altro a proseguire nella trattativa.

5.   Estrema ma ragionevole, al limite di ciò che è credibile.

Se l'offerta di apertura è irragionevole o offensiva il rischio è di compromettere definitivamente ogni possibilità di accordo e comunque di perdere l'occasione di ottenere gli effetti positivi del determinare il punto ove stabilire il polo magnetico.

L'offerta estrema ma ragionevole è molto vantaggiosa ma richiede una adeguata ponderazione delle valutazioni dell'altra parte onde evitare il rischio di formulare proposte oltraggiose.

La proposta ragionevole. Vantaggi: apre la negoziazione, stabilisce una buona relazione se l'altra parte è parimenti ragionevole, salva la faccia di entrambi; invia il messaggio: io ti rispetto, ti reputo intelligente. Svantaggi: poco spazio per la negoziazione con il rischio di compromettere la gestione della negoziazione dalla prima mossa specie se l'altra parte è un negoziatore competitivo.

Dove è opportuno aprire?

Dipende dalla quantità di informazioni possedute in ordine all'altra parte ed al merito della controversia.

Come formulare l'offerta.

Una proposta estrema deve essere credibile ma formulata in modo flessibile, accompagnata dalla possibilità di eventuali concessioni (es: offriamo X trattabile oppure potremmo considerare di concedere qualcosa) e deve essere supportata da motivazioni razionali (ad esempio attraverso la comparazione con situazioni simili).

Lo scopo principale è quello di influenzare le aspettative dell'altra parte.

La proposta ragionevole deve dimostrare un serio impegno e sforzo del proponente in termini di concessione all'altra parte ma deve essere formulata in modo fermo e non flessibile. Occorre essere risoluti, fermi e fornire prima la spiegazione, la giustificazione e soltanto dopo la "cifra", in caso contrario si rischia che l'altra parte non ascolterà neanche le ragioni fornite a supporto della proposta.

Concessioni ulteriori dovrebbero essere modeste e solo dopo un adeguato periodo di tempo.

4.4 Il mediatore e la negoziazione distributiva

Il mediatore facilita la negoziazione distributiva scoraggiando la formulazione di offerte oltraggiose e cercando di acquisire maggiori informazioni possibili da entrambe le parti, in particolare nelle sessioni separate.

Come interviene:

a) rende la parte consapevole delle proprie offerte, delle proprie richieste e delle conseguenze delle proprie scelte.

Esempi: Come pensa che l'altra parte reagirà alla proposta? Quale messaggio vuole trasmettere all'altro con tale scelta? mi aiuti a capire cosa sta cercando di ottenere?

b) Scoraggia proposte oltraggiose:

1. chiede informazioni (le persone si aspettano che si facciano loro domande)

2. avrebbe nulla in contrario se le suggerissi di...

3. mostra sorpresa

4. accerta la situazione

5 se la parte insiste nella formulazione di una apertura estrema, riformula all'altra parte la proposta in modo flessibile: hanno cominciato con la richiesta di 1 milione di euro, stanno cercando di stabilire comunque un contatto, potete scegliere la vostra prossima mossa, si sa che è normale nelle negoziazioni, stanno negoziando etc.

La negoziazione ha luogo oltre che tra le parti, anche tra il mediatore e le parti.

c) Minimizza.

Il compito del mediatore è di normalizzare la danza della negoziazione.

Non troppo veloce, non troppo pressante ma sempre tesa a rendere la parte consapevole delle proprie scelte e delle proprie mosse.

Il mediatore deve minimizzare e normalizzare gli eccessi delle parti:

" Capisco che è frustrante, l'altra parte ama la danza, ama negoziare. Ora è il vostro turno, tocca a voi fare una mossa, un passo verso l'altra parte, fatene una piccola...

d) Incoraggia concessioni.

Il mediatore non esprime MAI opinioni anche non verbali in presenza di entrambe le parti perché altrimenti rischia di rafforzare le posizioni dell'una o dell'altra parte.

Incoraggia concessioni specie nelle sessioni separate, così ad esempio: "Sapete che normalmente le trattative vanno avanti a piccoli passi l'uno verso l'altra, il mio compito è quello di facilitare la vostra negoziazione".

All'inizio della trattativa normalmente è più facile per le parti fare concessioni ma più le posizioni si avvicinano alla ZOA più diventa difficile concludere l'accordo.

L'intervento del mediatore nella dinamica delle reciproche concessioni consente inoltre alle parti di salvaguardare la propria dignità e reputazione.

d) Gestisce i tempi della negoziazione.

Spesso spetta al mediatore gestire i tempi della negoziazione, persino evitando di far apparire il raggiungimento dell'accordo troppo facile.

Deve gestire anche la portata, l'ampiezza delle concessioni, ha bisogno di parlarne con le parti, per capire insieme a ciascuna cosa intende ottenere, quali aspettative ha nei confronti dell'altra ed in ordine a come l'altra parte reagirà. Taluni mediatori arrivano a gestire le aspettative delle parti.

Perché le parti fanno concessioni per il tramite del mediatore?

Consente loro di salvare la faccia: in ogni caso fare concessioni tramite un terzo neutrale è più facile. E la ragione per la quale le parti fanno concessioni reciproche è che hanno bisogno di farle.

e) Formula proposte ipotetiche per far progredire la trattativa.

"Non so se posso ottenere x ma cosa pensereste se fosse possibile? Ovviamente non rivelerò tale informazione all'altra parte"- "Non so se presteranno il consenso ad x ma voi lo paghereste?".

Cosa fare se la parte chiede: "Sa se accetteranno X?"

Una risposta diretta può prolungare o pregiudicare la negoziazione.

Il mediatore, per proteggere le parti, dovrebbe sempre formulare risposte ipotetiche: "mi faccia controllare, se lei si impegna a pagare X, posso verificare se l'altra parte è disposta ad accettare", senza rivelare l'accettazione finché non raggiunge il consenso di entrambi.

4.5 Il mediatore e la negoziazione integrativa

Se l'obiettivo non è importante ma è importante la relazione personale, prevale l'accomodamento;

se l'obiettivo è molto importante e la relazione non lo è, prevale la competizione;

se entrambi sono importanti, prevale il compromesso *rectius* la collaborazione.

L'acquisizione di informazioni

Un esempio ci aiuterà a capire l'importanza della pienezza delle informazioni.

Sei in un hotel, fuori c'è gran rumore, cosa fai?

Chiami la reception, (negoziazione non diretta: Compromesso).

Ma sono le nove di sera... Sei nella hall dell'hotel..... e c'è una porta aperta... c'è un concerto... organizzato per beneficenza...

Maggiori informazioni acquisisci, maggiore è la possibilità di muovere verso il tavolo della negoziazione.

Mai procedere per presunzioni, mai presumere niente. Occorre abbandonare l'abitudine a procedere per presunzioni.

La tecnica migliore è rappresentata dalla capacità di cambiare e muoversi da un modello, distributivo, all'altro, integrativo, in ragione delle circostanze del caso concreto.

In ogni negoziazione ci sono numerose questioni da affrontare, rispetto alle quali ciascuna delle parti ha le proprie posizioni e richieste.

In primo luogo vi sono le questioni di fatto: discutibili ma concrete, ciascuna parte ha il proprio punto di vista e le proprie pretese rispetto ad esse.

Vi sono poi gli interessi sottostanti tali posizioni, che costituiscono le ragioni ed il perché ciascuna parte avanza le proprie pretese e assume le proprie posizioni.

La maggior parte delle volte, tuttavia, nella negoziazione focalizziamo l'attenzione solo sul merito delle questioni e dimentichiamo gli interessi.

Si tratta di distinguere tra la semplice conclusione di un accordo e la risoluzione di un conflitto.

Tutti i conflitti hanno interessi sottostanti e non manifesti, al di sotto della "linea immaginaria" che divide il conflitto così come appare dalle ragioni nascoste e sottostanti il conflitto.

Il mediatore deve ascoltare tutte le informazioni, non selezionare solo quelle che ritiene rilevanti.

Il mediatore deve indagare il perché della pretesa: perché per Lei è importante, mi dica qualcosa di più, mi faccia capire meglio, quali sono i suoi bisogni, le motivazioni.

Lo scopo non è quello di persuadere, convincere le parti o cambiare le persone o i loro principi.

Chiedere il perché aiuta l'interlocutore ad aprirsi a raccontare se stesso, ad esporre i dati positivi ma anche quelli negativi.

Il mediatore non è coinvolto nel conflitto e pertanto può creare l'ambiente favorevole a ristabilire la comunicazione, l'ambiente giusto per le persone per riprendere a parlare e per trovare soluzioni creative.

4.6 Il rapporto con i consulenti delle parti (avvocati)

Il mediatore deve cercare di acquisire maggiori informazioni possibili dalle parti ma anche dai consulenti e dagli avvocati.

E' buona regola chiedere sempre all'avvocato il consenso a parlare direttamente con la parte e qualora opponga un rifiuto chiedere il perché (ricordarsi sempre di essere curiosi).

Gli avvocati sono partners del mediatore, sono di grande utilità per acquisire informazioni utili specie in ordine alle valutazioni dei costi e dei rischi di un processo nell'ipotesi di mancato accordo.

Mai porsi in rapporto conflittuale con l'avvocato né assumere atteggiamenti paternalisti. Non porterà a nessun risultato utile alla negoziazione perché l'avvocato non vorrà mai perdere la faccia davanti al proprio cliente.

La regola fondamentale è far sentire le persone coinvolte in ciò che si sta facendo.

Curiosità, flessibilità, pazienza, tenacia, professionalità e competenza sono le doti richieste al bravo mediatore.

4.7 Il brainstorming – una tempesta di idee che generano idee

Le idee generano idee che possono essere sviluppate e solo successivamente sottoposte a valutazione.

Sei consigli utili alla ricerca di soluzioni.

1. non procedere per presunzioni
2. sii flessibile

3.   sii creativo (le idee generano idee)
4.   Abbandona ogni forma di critica e valutazione delle opzioni rinviando ad un momento successivo lo sviluppo delle soluzioni che appaiono potenzialmente idonee alla risoluzione della controversia.
5.   Proponi soluzioni senza alcuna assunzione di impegno o promessa (soluzioni solo ipotetiche).
6.   Fai in modo che la soluzione sia (il risultato delle idee di) tutti.

4.8 La valutazione delle opzioni e del merito della controversia

BATNA (best alternative to a negotiated agreement): la migliore alternativa al negoziato (MAN)

WATNA (worst alternative to a negotiated agreement): la peggiore alternativa al negoziato (PAN)

MLATNA (Most likely alternative to a negotiated agreement): la alternativa al negoziato maggiormente probabile.

La valutazione del merito della controversia si traduce nella analisi delle suindicate alternative, da condurre insieme alle parti (preferibilmente nelle sessioni separate e in una fase avanzata del procedimento).

La prima regola da osservare da parte del mediatore è quella di non mettersi mai in contrasto con gli avvocati e consulenti delle parti circa la valutazione del merito della controversia e del probabile esito del giudizio.

Nella valutazione del merito della controversia occorre valutare tutte le diverse alternative al negoziato:

LA MIGLIORE - LA BUONA - L'ACCETTABILE - LA CATTIVA - L'ATTUALE

É molto utile chiedere alle parti stesse ed agli avvocati/consulenti delle parti di ipotizzare ciascuna delle alternative.

Fare extra analisi!

Rivolgendosi alla parte si può fare appello ad esperienze vissute da conoscenti o apprese dai giornali circa processi dagli esiti completamente ingiusti o inaspettati.

Nel valutare le diverse alternative occorre inoltre tener presente il grado di esposizione al rischio di ciascuna parte, sia oggettivo che soggettivo.

E' importante valutare i costi in termini di rischio delle singole alternative senza mai trascurare il ruolo del fattore tempo, con particolare riferimento ai tempi del giudizio.

In ogni caso la valutazione delle alternative al negoziato e del merito del conflitto è opportuno che sia fatta al termine del procedimento, come ultimo passo (farla subito può raffreddare le trattative e strategicamente può non essere opportuno) dopo aver acquisito tutte le informazioni utili ed aver accertato i reali interessi delle parti coinvolte nel conflitto.

4.9 Le tecniche di facilitazione della negoziazione distributiva

La posizione di terzo consente al mediatore di acquisire informazioni che altrimenti le parti non si scambierebbero, conferendo al terzo una visuale molto più ampia, proprio per il "punto di osservazione" in cui si trova.

In ogni tipo di controversia anche quando si tratti di controversie puramente commerciali risultano a un tempo coinvolti interessi di carattere emotivo: reputazione, tradimento, bisogno di riconoscimento, fiducia.

Il compito del mediatore è ristabilire la comunicazione tra le parti, ed a tal fine specie durante le sessioni separate, formula domande (mi faccia capire il perché, cosa è successo e così via) per cercare di comprendere le ragioni che hanno determinato l'impasse e causato il conflitto.

Per far sì che l'accordo sia raggiunto il mediatore deve assicurarsi che tutte le parti si sentano coinvolte nella creazione della soluzione e sentano di mantenere il controllo sulla loro controversia, quasi che il mediatore risulti invisibile evitando il rischio della reazione svalutativa di proposte generate direttamente dall'altra parte.

In alcuni casi il ricorso a parametri tecnici e/o criteri di giustizia nella ricerca di possibili soluzioni può risultare utile, sebbene occorra tener presente che la definizione della nozione di giustizia può cambiare sensibilmente da individuo a individuo, ed è soggetta ad interpretazione (diritto ed equità, pratiche ed usi dell'industria e del commercio e così via).

Gli standards sono soggetti ad interpretazione ed il concetto di giustizia è molto soggettivo.

Come già detto non necessariamente le parti devono trovare un accordo per le stesse ragioni, o essere d'accordo sulle reciproche motivazioni, sebbene la tendenza umana sia quella di cercare di convincere l'altro della bontà delle proprie ragioni: l'obbiettivo non è soddisfare bisogni congiunti ma soddisfare bisogni diversi delle parti.

Si ricordi che le persone non scendono a compromessi in ordine ai proprio principi (si pensi al credo religioso).

In ogni tipo di controversia, il compito del mediatore è di accertare dove riposa il punto e la ragione di resistenza all'accordo delle parti.

Per facilitare la negoziazione tipicamente distributiva e normalmente "aggressiva" trasformandola in collaborativa, il mediatore ha a disposizione preziosi strumenti.

Nelle sessioni private potrà scoraggiare offerte iniziali offensive, enfatizzando i rischi conseguenti a richieste estreme, incoraggiando offerte realistiche ovvero chiedendo alla parte come pensa che l'altro reagirà alla sua proposta o come lei stessa reagirebbe se fosse nei panni dell'altro.

Di fronte alla formulazione di richieste estreme farà in modo di normalizzare la situazione: richiamando quello che accade in casi simili ed i bisogni propri della negoziazione, gestendo le reazioni negative rispetto ad offerte estreme o peggio offensive ovvero riformulando e inquadrando l'offerta estrema in modo flessibile o nell'ottica di un bisogno di sfogo delle emozioni, prima di iniziare la vera e propria negoziazione.

Nell'estrarre concessioni alle parti, enfatizzerà il bisogno di compromessi per il progredire delle trattative, valutando insieme alla parte se una data concessione sia idonea a conseguire il risultato che si prefigge.

Incoraggerà le parti ad usare i messaggi della negoziazione gestendo sia la portata che la tempistica delle concessioni.

L'intervento del mediatore consente alle parti di mantenere la propria credibilità e salvaguardare la reputazione.

Proprio perché terzo imparziale può utilizzare in modo efficace lo strumento della formulazione di offerte ipotetiche, rivelandone l'accettazione solo una volta acquisita la certezza della adesione da parte di entrambe le parti.

4.10 *Le tecniche di facilitazione della negoziazione collaborativa*

Incoraggiare la collaborazione: riformulando posizioni e offerte in termini positivi e creando un ambiente che valorizza e promuove la pari dignità delle parti.

Esplorare gli interessi delle parti: riconoscendo e rispettando le emozioni delle parti, esplorando anche questioni non strettamente giuridiche ed i bisogni delle parti, ricercando obbiettivi ed interessi comuni oppure diversi ma compatibili, educando le parti sulle differenze tra pretese ed interessi.

Incoraggiare la creatività: chiedendo come ogni parte sarebbe disposta a soddisfare gli interessi dell'altra, generando potenziali opzioni per "espandere la torta".

Nella maggior parte delle mediazioni entreranno in gioco sia elementi di negoziazione distributiva (delle posizioni) che elementi di negoziazione collaborativa (sulla base degli interessi). La mediazione utilizza gli strumenti della negoziazione e della comunicazione nel contesto di ciascuna tipologia di controversia. L'arte della mediazione risiede nel corretto uso di tali strumenti.

4.11 domande utili al progredire del procedimento di mediazione

1. Ha/avete particolari riluttanze, preoccupazioni od ostacoli che vi impediscono di raggiungere un accordo e volete condividerle con il mediatore?

2 Senza dirmi quanto il suo cliente è disposto a pagare o accettare oggi, non voglio saperlo, mi dica quanto pensa che l'altra parte accetterebbe o pagherebbe oggi per chiudere l'accordo di conciliazione?

3 Ci sono già state proposte od offerte transattive ad oggi?

4 Quale pensa che potrà essere l'offerta iniziale dell'altra parte? Perché lo pensa?

5 Quale messaggio oppure c'è un messaggio in particolare che pensa di voler trasmettere all'altra parte attraverso tale richiesta e offerta? Perché?

6 Proviamo a fare una analisi del caso simile a quella che si svolgerebbe nell'ipotetico giudizio. Prima di tutto verifichiamo i dati di fatto sui quali c'è accordo. (Es se siete d'accordo con i risultati della CTU, sulle cause del danno e così via).

7 Credo di aver compreso le sue argomentazioni. Quanto o cosa sarebbe disposto a concedere a scopo transattivo.

8 Quale è normalmente (per i consulenti) l'ammontare massimo di risarcimento riconosciuto in circostanze simili in sede giudiziale. Bene e l'ammontare minimo?

9 senza considerare la questione relativa alla attribuzione di responsabilità, quale è il valore del danno subito?

10 Se ho capito la richiesta/offerta che vorrebbe fare è.... Mi aiuti a capire come è arrivato a formulare tale richiesta/offerta? Perché pensa che l'altra parte potrebbe essere interessata a prendere in considerazione tale richiesta/offerta?

11 Riferirò la sua nuova offerta/richiesta all'altra parte. Sappiamo già che la rigetterà. Mi dica dopo che l'altra parte avrà rifiutato, quale pensa potrebbe essere la controproposta? Cioè cosa pensa che farà, come reagirà l'altra parte a questa sua nuova offerta.

12 Probabilmente non si riuscirà ad ottenere simili cifre/accordo. In ogni caso se riuscissimo ad arrivare intorno a 100, potrebbe essere interessato?

13 Prima di venire in mediazione come ha pensato potesse essere risolta tale controversia in modo maggiormente favorevole per lei?

14 Cosa si aspetta dal procedimento di mediazione oggi?

15 Se non riuscissimo a conciliare oggi quale potrebbe essere la sua strategia probatoria in giudizio domani?

16 Ci potrebbe essere qualunque altro modo, altre soluzioni per la conciliazione della controversia diverse dal pagamento di una somma?

17 Le parti sembrano avere due valutazioni molto diverse dello stesso fatto, cosa pensa che l'altra parte non stia considerando o quale pensa sia la ragione fondamentale di questa diversa valutazione del caso dell'altra parte?

18 Quale pensa potrebbe essere la sua percentuale di vittoria in giudizio?

19 Ha preparato una stima dei costi del giudizio?

20 Ha già in mente una cifra per la richiesta/offerta?

5
LA CONCLUSIONE DELL'ACCORDO

Una volta individuata la probabile zona entro la quale un accordo conciliativo appare raggiungibile, il mediatore può spingere le parti verso la conclusione suggerendo a ciascuna un possibile accordo con l'intesa che non rivelerà all'una la decisione dell'altra fino a che entrambe l'abbiano accettata.

Per mantenere l'equidistanza tra le parti è opportuno che il mediatore formuli l'opzione di accordo a ciascuna parte come se non l'avesse ancora proposta all'altra.

5.1 La facilitazione dell'accordo

Il terzo neutrale può impiegare diverse strategie per spingere le parti a superare l'impasse nella negoziazione.

Un famoso witz ebraico, che narra di due studenti della Torah, accaniti fumatori, Yankele e Moishele, ci ricorda come la capacità di persuasione della argomentazione logica possa cambiare l'esito di una negoziazione.

"Yankele, io voglio fumare, vado a chiedere al Rabbino se posso fumare mentre studiamo la Torah".

E così MoIshele si reca dal Rabbino e chiede "Rabbino, rabbino si può fumare mentre si studia la Torah?". "Meshuge la Torah è un testo sacro! Quando si studia la Torah si studia e basta".

Moishele torna da Yankele affranto: "Il Rabbino ha detto che non si può fumare mentre si studia la Torah".

"Moishele sei il solito meshuge vado io a chiedere al Rabbino se si può fumare"

"Rabbino, Rabbino ma mentre si fuma si può studiare la Torah?"

"Certo figliolo è sempre un buon momento per studiare la Torah".

La storiella ebraica ci ricorda l'importanza di come formulare le domande, prospettare offerte, avanzare richieste e prospettare opzioni di accordo in termini positivi.

Ad esempio:

formulando la controversia come un problema comune da risolvere insieme;

usando le differenti esigenze delle parti per costruire accordi potenziali;

formulando le offerte come opportunità di guadagno e non di perdita (es: il 90% dei sopravvissuti e non il 10% dei morti);

incoraggiando le parti nelle sessioni congiunte a parlare dei loro interessi e bisogni, non delle pretese reciproche ma delle ragioni sottostanti le pretese;

usando le sessioni separate per scoprire i reali interessi delle parti che si nascondono dietro le posizioni e le pretese di ciascuna;

aiutando le parti a focalizzare sulla costruzione del futuro e non sulla ricostruzione del passato;

enfatizzando i costi in termini economici e di tempo del mancato accordo;

usando l'incertezza per creare un dubbio nella percezione e nelle conclusioni proprie di ciascuna delle parti;

incoraggiando la creatività per espandere la torta da dividere;

usando la tecnica dell'avvocato del diavolo, a condizione di essere trasparenti, dichiarandolo preventivamente ed espressamente.

5.2 Conclusioni

Ove emergano impedimenti alla conclusione dell'accordo, il ricorso alla tecnica della trasparenza potrà essere di aiuto per superare l'ostacolo. Che sia la rabbia, il desiderio di vendetta, le questioni di principio o il bisogno di scuse ad impedire il possibile accordo, spesso potrà essere di aiuto parlarne espressamente con le parti per cercare di superarlo.

O ancora, il mediatore potrà facilitare il raggiungimento dell'accordo enfatizzando i rischi del giudizio e della perdita di controllo sul risultato del processo ovvero richiamando i dubbi sulla fondatezza della pretesa o i rischi della sopravvalutazione delle proprie ragioni.

Quando una strategia fallisce cambiare semplicemente strategia può essere di grande utilità, come pure usare le pause per analizzare quanto emerso nel corso del procedimento.

Ascoltare sempre il doppio di quanto si parla e resistere alla tentazione di riempire il vuoto del silenzio.

Stimolare la partecipazione delle parti chiedendo suggerimenti e facendo appello alla esperienza specifica di ciascuno, specie dei consulenti.

Ascoltare attivamente tutto ciò che viene detto e anche ciò che non viene detto.

Creare "un porto sicuro" perché ciascuno possa salvare la faccia se chiamata .a cambiare, ridurre, rinunciare alle proprie pretese.

. Dividere il problema in questioni più piccole da affrontare per risolverle gradatamente.

Essere curiosi, creativi e flessibili.

Evitare quanto più possibile l'uso delle particelle: ma, però; chiedere sempre PERCHE' e usare sempre la ipotetica SE.

Evitare di esprimere la propria opinione personale sulla valutazione del caso, anche se le parti lo richiedano.

E' bene ricordare che una valutazione negativa ingenera il dubbio che il terzo che la esprime propenda per l'altra parte, mentre la valutazione positiva può rafforzare la posizione della parte (che sarà meno disposta a conciliare) ovvero creare false aspettative nei confronti del mediatore.

Mai offrire la propria valutazione personale, ove le parti la richiedano è più utile differire la risposta (es "mi dica di più del suo caso") ed in ogni caso è preferibile fare ricorso alla generale esperienza richiamando casi simili o quello che generalmente accade.

La valutazione del merito può essere utilizzata strategicamente per indirizzare le parti verso la conclusione dell'accordo, nella fase conclusiva del procedimento a condizione che il mediatore abbia la necessaria competenza ed autorevolezza e solo quando avrà conquistato la fiducia delle parti.

In nessun caso il mediatore dovrà costringere le parti, o peggio imporre alle parti la propria soluzione.

Compito del mediatore è facilitare la risoluzione del conflitto aiutando le parti a trovare il "loro" accordo, non un accordo giusto o secondo giustizia ma quello che risulta conveniente ad entrambe le parti perché soddisfa i reciproci interessi.

SOMMARIO